가람 이병기 전집 18

# 고전주해 II

— 근조내간선·요로원야화기·어우야담 —

이 도서는 2024년 국립대학육성사업의 지원을 받아 수행되었음
이 도서는 2024년 익산시와 전라북도의 지원에 의해 간행되었음

가람 이병기 전집

**18**

# 고전주해 II

## 근조내간선·<br>요로원야화기·어우야담

전북대학교출판문화원

# 고전주해 II

근조내간선·요로원야화기·어우야담

# 목 차

# 근조내간선近朝內簡選

민족문학총서民族文學叢書 2

# 근조내간선近朝內簡選

이병기李秉岐 편주編註

『근조내간선』(이병기 편주, 국제문화관, 1948) 표지 사진

국제문화관國際文化館

## 일러두기

1. 『近朝內簡選』은 원래 세로쓰기였으나 이를 가로쓰기로 편집하였다.
2. 본디 『近朝內簡選』은 한자에 한글 독음이 병기되어 있지 않으나, 독자의 가독성을 고려하여 이 책에서는 '한글한자'로 병기한다.

# 서序

우리 문체文體에는 세 가지가 있으니 내간체內簡體·담화체談話體·역어체譯語體인 바 그중 내간체內簡體는 「한중록恨中錄」, 「인현왕후전仁顯王后傳」과 같은 세련된 문체文體였다. 이것이 궁정宮廷 또는 여염閭閻에서 부녀婦女를 상대로 한 편지로 써 오던 것이였다. 한글이 생긴 이후는 물론이고 그 이전부터도 이두吏讀로써 쓰이어 오로지 우리 말글로 된 실답고 정다운 문학文學이었다.

이를 우선 근조近朝의 것으로 모아보매 선조宣祖·정종正宗·익종翼宗의 어필御筆 존엄尊嚴한 제왕帝王으로도 자상한 인정人情이 필부匹婦와 다름없으며 순원왕후純元皇后의 전교傳敎는 그 친절 곡진함이 한문漢文 따위로는 도저到底히 미칠 수 없으며 조지원 처趙持元妻 정씨鄭氏의 소지所志도 하고 싶은 대로 말을 다 하였으며 「우념재수서雨念齋手書」는 일본통신사日本通信使의 수원隨員으로서 「해행총재海行總載」, 「통문관지通文館志」에도 없는 사실史實과 또는 그 어머니를 사모思慕한 정경情景이 세세細細히 그려 있고, 그리고 그 부인夫人과의 성장은 어떠한가 이러한 효성孝誠과 연정戀情이 또 어디 있을가 하며 「한산유찰韓山遺札」도 그 간절한 오고 가는 정의 변화變化 많은 필치筆致가 사람을 놀래게 하였으며 기타其他에도 그 구구자자句句字字가 주옥珠玉보다도 빛나지 않는가 과연 이를 이내껏 파묻혔던 우리 고전古典에서의 적지 않은 한 수확收穫이라 아니할 수 없다.

우리 문학文學을 읽고자 하는 이에게 나는 이를 부디 읽어보시라 하고 싶다. 우리 문학文學의 종래從來의 특성特性과 형태形態도 저윽히 이로써 엿볼 수 있다. 그 원문原文을 그대로 적되 ㅅㄱ, ㅅㄷ, ㅅㅂ, ㅆ은 ㄲ, ㄸ, ㅃ, ㅉ으로 하고 母音의 ㆍ는 ㅏ, ㅓ, ㅗ, ㅚ, ㅡ로 하여 방점傍点을 표하고 어려운 어구語句에는 약간若干 주석註釋을 붙였다.

4281四二八一. 1월一月 입춘立春 매화옥梅花屋 주인

# 목차

# 봉서封書

# 선조어필宣祖御筆

삼옹주三翁主

그리간후의 안부몰라하노라 엇디들 인는다 셔울 각별한 긔별업고 도적은 믈러가니 깃거하노라 나도 무사이 인노라 다시곰 됴히 잇거라.

정유구월이십일丁酉九月二十日

각별은 각별恪別, 특별.

도적이 믈러가니는 이해에 왜적倭賊이 다시 침노하였다가 크게 패하고 물러감을 이름.

정유丁酉는 선조삼십년宣祖三十年 일오구칠一五九七 이는 선조대왕宣祖大王께서 그 삼녀三女 정숙옹주貞淑翁主인빈김씨기출仁嬪金氏己出로 동양위신익성東陽尉申翊聖에게 하가下嫁 하신 봉서封書

엇디 인는다 나는 무사이 인노라

삼월오일三月五日 재경성在京城

진나는 이를 허준의게 무르니 만한등에 바뎟 그러니업스링잇가하고

오직 여러날 대변을 몯하니 열이 업디아니할거시니 약을 하야 수이 통하게하라한다 이제는 긔운 엇더하니

허준은 許浚.

그때 의궁醫官.

바뎟은 더러.

대변은 大便.

열은 熱.

옹주翁主를 내날마다 가보고 허준許浚이와 의논하거니와 내 보매는 아므려도 의심업스니 분별 말고라 참의參議하 근심한다 하니 지극운노라.

며느리를 그리 듕히 너기니 고마올샤 발셔 누른기믜 드럿고 도든터도 각각도닷디위 한대 착난티 아니하얀나니 다만 나히 한드로 열하야 디내연나니

참의參議는 옹주翁主의 싀아버지.

도닷디위는 돋았을 뿐

한대는 同處(동처)의 뜻.

착난은 錯亂.

나히 한대로는 내가 시킨 대로.

정숙옹주貞淑翁主

글월보고 오늘또 가보니 도든수數는 한가지오 두색홍여연지痘色紅如臙脂하야 퍽내파잇고 기역열퇴이안氣亦熱退而安 아참의 백죽일종白粥一鍾 느즉하야 난반수시爛飯數匙 먹고 대변불통大便不通(대변빈수즉불호: 大便頻

數則不好) 증세심순證勢甚順 분별말라 이리 긔별하라.

내파잇고는 내펴졋고

만력계묘지일미시萬曆癸卯至日未時 | 大 哉<br>乾 元

글월보고 됴히 이시니 깃거하노라 오늘도 가보니 증證은 순順하더라

글월, 보고도 둔거슨 그방이 어둡고 너역질하던방날도 陰하니 일광日光이 도라디거단 내 친親히 보고 자셰 긔별호마 대강 용약用藥할이리 이셔도 의관의녀醫官醫女를 드려 대령待令하려하노라 분별 말라 자연 아니 됴히 하랴.

만력삼십일년계묘복월십구일사시萬曆三十一年癸卯復月十九日巳時 | 大 哉<br>乾 元

글월은 편지.
계묘癸卯는 선조삼십육년宣祖三十六年(一六〇三;1603).
復月은 복월, 동지冬至달,
사시巳時는 오전10쯤午前十時쯤.

서계書啓 보고 보내노라
그 여자女子는 엇디 그러커뇨 이약藥 보내여라.

만력계묘지월감일일미시萬曆癸卯至月廿一日未時

계서書啓는 봉명관奉命官의 복명사復命書

글월보고 궐내무사闕內無事 방의셔도 됴히 잇다 옹주증翁主證은 가장 순順하고 거의다 부러잇다.

세계書啓 이장二張 보내노라 박참판지녀一朴參判之女는 가애야재可哀也哉 불不, 상祥, 약藥은 도로 보내노니 어믜나 구救하라 작일昨日 글월도 보롸

만력계묘십유일월이십삼일사시萬曆癸卯十有一月二十三日巳時

오늘은 당시 보디아녓거니와 밤의 여러번 먹고 인후도 하렷다 한다

만력삼십일년계묘십일월이십육일진시萬曆三十一年癸卯十一月二十六日辰時

인후는 咽喉.
하렷다는 나앗다.

정숙옹주貞淑翁主

금일역친왕견지즉今日亦親往見之則 기진창기幾盡脹起하고 녀나믄 증證이 업스니 내일모래 사이면 서유회근지망의庶有回根之望矣 차사서일질且四書一帙 서언고사일질書言故事一帙 포공안일질包公案一帙 보내노니 부마駙馬주라 포공안내괴망지서包公案乃怪妄之書 지자한일주이이只資閑一哂而已

만력계묘동십일월념오일오시萬曆癸卯冬十一月念五日午時

이허준서계許浚書啓보긔보내노라

녀나믄은 그 남어지.
회근回根은 회복回復함.
부마駙馬는 동양위東陽尉 신익성申翊聖

이제야 거머도셔 이시니 기하우하려基何虞何慮 차의수통우박참판가此意須通于朴參判家

관내개평예증일양闕內皆平豫證一樣

명슉옹주

동양뤼東陽尉 글시는 영노한 샹겨지비 남진여러하니 갇고 금양위錦陽尉 글시는 쳥년과뷔 사흘굶고 병하니갇다 이마를 보면 글시품들흘 알리라

동양위東陽尉는 신익성申翊聖, 정숙옹주貞淑翁主 남편인바 서법書法이 능란하여, 소해小楷는 이왕二王에 가깝고 팔분전주八分篆籒도 용함.

금양위錦陽尉는 박미朴瀰. 호분서號汾西, 선조오녀宣祖五女 정안옹주貞安翁主(인빈기출仁嬪己出)의 남편. 서법書法은 오흥吳興을 본받아 창울종횡蒼鬱縱橫하다고 함.

영노는 영리.

남진은 남편.

쳥년과뷔는 청상과부青春寡婦.

이상相 가장 됴흐니 부인夫人 될로다 살비치 거므면 댱슈타 하얀나니라 져기 자라거든 고텨보쟈

댱슈는 장수長壽, 오래 사는 것, 고텨는 다시.

# 혜경궁홍씨惠慶宮洪氏

쥬샹이 지통즁 달포 심녀로 디내압시고 자로 미령하옵셔 셩톄손상하옵시기 니르을거시 업사온대 츌현궁하오시는일 하옵고 지통을 겸하와 병이 이러 위즁하올분 아니오라 셩궁위하옵는 념녀가 간절하와 븟드옵고 못가시게하오니 이제 즉시 가려하옵시니 지졍을 생각하셔 동가젼의 셩빙하옵고 알외게 하옵쇼셔

쥬샹은 주상主上.
지통즁은 지통중至痛中.
심려는 심려心慮, 자로는 자주.
미령은 미령靡寧.
병환病患 셩톄는 성체聖體.
손상은 손상損傷.
츈현궁은 출현궁出玄宮.
왕王의관棺을 분광墳壙에서 내는 것.
동가젼은 동가전動駕前, 거동하기 전.
셩빙은 성빈成殯, 빈궁殯宮을 만든 것.

이는 정조삼십년십월正祖三十年十月 사도세자思悼世子의 무덤을 수원화성水原花山으로 옮길 때 혜경궁홍씨惠慶宮洪氏가 채상국蔡相國 제공濟恭에게 내린 봉서封書라 한다.

# 정종어필正宗御筆

피봉皮封엔 민집 보와라

네도 잘디내고 네어미도 잘디느냐 내마음의난 네셔방 셔울 이시면 됴흘듯하니 네어미다려 닐려보와라

셔방은 西房, 서방書房 남편

피봉皮封엔 민집 보와라

됴히 잇느냐 쇼믁 보낸다 네셔방도 됴히 잇느냐 색기도 됴히 잇느냐

쇼믁은 소목蘇木, 소방목蘇方木, 다목, 향나무

피봉皮封엔 민집 보와라

됴히 잇느냐 집은 공연이 또 올모니 웃는다 셰찬 보낸다

셰찬은 세찬歲饌, 설 때 음식감.

# 정종어필正宗御筆

피봉皮封엔 민집 보와라

됴히잇느냐 이것 보내니 보와라 보다가 졈졈 오래니 셥셥하다

향 하나

바늘 한봉

가외 하나

민집은 정종正宗의 생질녀甥姪女, 즉 청선옹주淸璿翁主의 따님이 민치성閔致成에게 출가出嫁한 이름

# 익종어필翼宗御筆

낫것 잡사오시고 안녕이 디내오시압나니잇가 이글은 쇼인이 지어사오니 감하오시고 엇더하온가 보아 주오심 바라압나이다

구츄상야댱 구츄 서리 밤이 기러시니

독대등화경 홀노 등잔꼿 가배야음을 대하엿도다

져두요상향 저두하야 먼니 행을 생각하고

격챵쳥안셩 챵을 격하야 기러기 우는 소래를 드릿더라

낫것은 국수나 떡인 별탁 음식으로 낮 때 잡수시는 것.

쇼인은 소인小人.

감하오시고는 보옵시고.

구추상야장九秋霜夜長 독대등화경獨對燈火輕의 등화경燈火輕은 옥촉명玉燭明을 고치신 것이고, 저두요상향低頭遙想鄕 격창청안성隔窓聽雁聲은 격유문홍명隔牖聞鴻鳴을 고치신 것이다.

이는 순조純祖의 맏따님 명온공주(明温公主, 동녕위김현근께: 東寧尉金賢根(하가: 下嫁))가 그 오라버님 익종(翼宗 世子代理: 세자대리로 이십이세二十二歲: 에(홍: 薨))께 제진製進하여 고추敲推와 비평批評을 받은 것이다.

글시 보고 든든하며 이글 오절 지엇기 두어귀 곳쳐 브내니 보아라 져

두 요샹향은 날을 생각하미인가 그윽기 감사호노라

산챵낙목향 뫼챵의 나모 떠러지는 쇼래에

긔쳡신인슈 몃쳡이나 시하는 사람의 근심인고

슈월몽변고 파려한달이 꿈가의 외로와시니

잔등위슈유 쇠잔한 등잔은 눌을 위하여 머므럿는고 이글이 또 녀사를 생각하미로다

오절은 오언절구五言絶句.

산창락목향山窓落木響 기첩시인수幾疊詩人愁

수월몽변고瘦月夢邊苦 잔등위수류殘燈爲誰留.

녀사는 여사女史 즉 명온공주明温公主를 이름.

이는 익종翼宗께서 하답下答하신 봉서封書

# 하샹궁河尙宮

피봉皮封

하샹궁　존샹

안부알외압고야간
냥뎐문 안 만안 하압시압고
냥궁문 안도 태평 하압신일아옵고져바라압나이다

김　참 봉집

냥뎐은 양전兩殿
냥궁은 양궁兩宮

# 전교傳敎

# 순원황후純元皇后의 전교

경자정월십삼일庚子正月十三日 헌종육년憲宗六年

관셔쳥븍이 셜진은 아니하야시나 년형이 겸황하고 민졍이 황급하기는 응당 쳥남이나 다로디 아니할듯하고 또 쳥븍이 경사와 결원한데가 만하 인심은 본대 강한혼대 본도감사도 밋처 모르난일이 무수하니 브대 자셰이 탐찰하야 슈령에 치젹을 낫낫티 념문하야 일호도 안사를 두디말아야 비로소 보낸 보람도 잇고 대양하는 도리도 될거시니 필경 엇디 단녀온디 자연이 알거시오 또 공의도 이실거시매 길게 신칙디 아니하니 각별이 조심하게 하라

관셔는 평안도平安道를 이름.

쳥븍은 청북清北. 청천강清川江 이북以北.

셜진은 설진設賑.

진휼賑恤을 베푸는 것,

년현은 연형年形.

그해 농사의 형편,

겸황은 겸황歉荒, 흉년든 것,

민정은 민정民情. 백성의 사정,

황급은 대단히 급한 것,

응당은 반드시,

청남은 청남淸南, 청천강靑川江 이남以南,

경사는 경사京師, 서울,

결원은 절원絶遠, 퍽 먼 것,

인심은 인심人心,

강한은 강한强悍, 굳센 것,

본도감사는 본도감사本道監司 즉 평안도감사平安道監司,

무수는 무수無數,

탐찰은 탐찰探察, 더듬어 살피는 것,

수령 수령守令, 군수郡守, 현령懸令 등,

치젹은 치적治績,

다스린 성적成績.

념문은 염문廉問, 잘 조사해 아는 것,

일호는 일호一毫, 조금.

안사는 안사顔私, 사정,

대양은 대행. 대행代行, 대신간 것,

필경은 필경畢竟, 마침내

공의는 공의公議. 공중公衆의 의논,

신칙은 신칙申飭,

일러 주의注意시키는 것.

각별은 각별恪別. 특별.

이는 현종憲宗이 십사세十四歲 때 그 조모후祖母后 순원왕대비純元王大妃께서 수렴청정垂簾聽政하시며 친히 적어 청북淸北 암행어사暗行御史 심승택沈承澤에게 내리신 전교傳敎.

우의 언교한역諺教漢譯

平安道淸北暗行御史沈承澤
本道甚歉方設賙救民情
遑急不可不察營梱守宰
之治否與奸猾舞弄一一
安廉公嚴毋憚大吏如
予親往

## 대왕대비뎐의셔(大王大妃殿의書)

원자 사랑하여 나리오신 젼교
은자동아 금자동아 쳔지련금 보배동아 쳔지인간 무쌍동아
한의국의 쳔자동아 쳔지건곤 일월동아 만쳡산듕 옥포동아
오색비단 채색동아 칠보단장 채색동아 아국사랑 간간동아
팔만담안 의탁동아 한갈갓치 어질거라 쳔디갓치 굿세거라
네거동을 볼쟉시면 단장폐한 미인이오 구레버슨 뇽마로다
은을준들 너를사랴 금을준들 너를사랴 쳔지만물 무가보는
너하나 뿐이로다

원자는 원자元子, 왕王의 적장자嫡長子,
젼교는 전교傳敎, 왕王의 교령敎令,
은자동은 은자동銀子童,

금자동은 금자동金子童,

쳔지인간은 천지인간天地人間,

무쌍동은 무쌍동無雙童,

한의국은 한韓의 국國, 쳔자동은 천자동天子童,

쳔지건곤은 천지건곤天地乾坤,

일월동은 일월동日月童,

만쳡산중은 만첩산중萬疊山中.

옥포동은 옥포동玉布童,

오색은 五色.

칠보단장은 七寶丹粧, 칠보七寶는 금金, 은銀, 유리琉璃, 차거硨磲, 마노瑪瑙, 파려玻瓈, 진주眞珠,

팔만장안 팔만장안八萬長安.

의탁동은 의탁동依托童.

뇽마는 용마龍馬,

쳔지만물은 천지만물天地萬物,

무가보는 무가보無價寶.

이는 순조왕비純祖王妃 순원왕후純元王后께서 그 장손長孫 헌종憲宗을 두고 지으신 것이라 전한다.

# 소지所志

# 소지

[一]남부부동거한 고학생 됴지원쳐뎡 | 趙持元 妻鄭印

[二]우근언지쳔망극졍유단은 [三]녀의신이 [四]고참찬문슉공 슈몽뎡션생의 [五]중손이옵더니 문숙공이 [六]대대독자로 나려오압다가 녀의 부의 대예 니르와 [七]무후하와 녀의신뿐잇삽니

[八]현종죠의 [九]션현봉사를 [一0]딘념하압셔 [一一]특명계후하라 하옵시매 [一二]원족뎡일 댱이를 문슉공 [一三]양증손을 삼앗삽다니 일댱이 [一四]무형하와 [一五]봉사젼민을 몰수히 졸아 업시하압고 녯집의 [一六]사당만 나마삽는대 녯집을 사 뷘 터흔 사면으로 다 버혀 파압고 집지 은대만 나마삽다가 [一七]갑자년의 그집을 마자 파압고 [一八]가뫼 의지하올대 업사올뿐 아니 오라 그터히 문슉공 생쟝하온터흐로 칠팔대 뎐내하옵다가 일됴의 사당을 뫼압고 나고 남이 들게 되오니 무지하온 녀자의 마암이온들 망극 쇎삽기를 어이 층냥하 와 알외오리잇가 그해예 문슉공 [一九]외손들이 모화 [二0]졍장하와 도로 [二一]환퇴하와 가묘를 양동생이 뫼와삽다니 져년해 또 [二二]집문긔를 갓다가 [二三]녀필쥬의게 잡히고 빗을 만이 내고 갑디 못한다 하압고 [二四]녀개 져자암끠 가쇽을 다리고 블의몌 다라드오니 양동생이 가묘를 바리압고 인하여 나가와 지금 아니드러오압고 녀가는 시방 집을 아사드러셔 가묘의 욕이 참혹하오니 쳔디간의 이린 망극하온 변이 어이 이시리잇가 녀의신

부모이샹 사대신쥬를 직희리 업시 녀가의 환난듕의 두옵고 [二五]일야의 망극하온 경사를 어이 내내 다 알외오며 증조 문슉공이

[二六]션죠명신으로 [二七]죠가의셔 [二八]닙후하시고 [二九]사림의셔도 [三0]셔원하야 존봉하압거늘 양동생이 불쵸하압기로 이러틋. 참혹하온 변과 욕이 밋자오니 녀의신이 [三一]통박하올뿐아니와 [三二]진신사림이 뉘아니 [三三]혁샹하리잇가 시방[三四]헌부 [三五]한셩부의 쳐치하압는 일도 잇삽거니와 [三六]누대 가묘를 뫼실곳이 업삽고 [三七]셩친이 바히 업사온대 외손도 [三八]대원하압기로 사당도  뫼셔가리 업삽고 녀가 들럿는 집의 가묘를 한때온들 뫼와두압고 어이 욕을 뵈오리잇가  녀의신이 비록 녀재오나 문슉공 [三九]혈손이 압고 부모 조부모 사당이 님자업시 뷘집의 거  우하여 녀가의 무한하온 욕셜을 들리오니 자손의 통박한 경새 남녜 다르미 이시리잇가 양동생 드러오기 [四0]지속을 뎡티 못하오니 녀의신이 즉시 가묘를 뫼셔 오을거시오대 누대 가묘를 임의로 뫼와 오압기 어렵사와 [四一]본조의 알외오니 양둥생 드러오올 동안의 [四二]권도로 [四三]봉안하오믈 [四四]놀리 뎨급하압쇼서

[四五]녜조 쳐분

긔사칠월일 단자 십사일十四日

**제사題辭**

果如狀辭則 鄭家宗孫誠爲不肖 是在果婦人 雖女子之身悶宗祀之將亡 有故人載馳之意則 或出私財贖還舊第 使鄭家之世傳之基 俾免鳩居之影則 以情以義 孰不嘉賞 至於遷奉詞堂自奉祭祀 不無逼遏宗孫之嫌 相考施行向事

一. 남부부동거南部部洞居한고학생故學生 조치원처정趙持元妻鄭. 남부南部는 京城 경성 남부南部. 고학생故學生은 작고作故한 학생學生, 학생學生은 생전生前에 벼슬 못한 이.

二. 우근언지천망극정유단右謹言至天罔極情由段. 우근언右謹言은 소지所志 소장訴狀 첫머리에 으레이 쓰는 것. 지천망극정유단至天罔極情由段은 지극 지극한 정유情由인 것은.

三. 여의신女矣身. 이소지하는 정씨鄭氏자신自身.

四. 고첨찬문숙공故叅贊文肅公, 참잔叅贊은 좌참잔左叅贊, 우참찬右叅贊인바 의정부일직議政府一職으로 정이품正二品 또는사재四宰라고도 함, 문숙공文肅公은 정엽鄭曄, 호수몽號守夢.

五. 증손曾孫.

六. 대대독자代代獨子.

七. 무후無後, 자손子孫이 없음.

八. 현종조顯宗朝(1660一六六〇~1674一六七四).

九. 선현봉사先賢奉祀.

一〇. 진념軫念, 왕王이 염려하심.

一一. 특명계후特命繼後, 그 뒤를 이으라고 특特히 명함.

一二. 원족정일遠族鄭日章, 원족遠族은 먼 일가.

一三. 양증손養曾孫.

一四. 무형無形. 불초不肖

一五. 봉사전민奉祀錢緡 즉 제사지낼 돈량.

一六. 사당祠堂, 신주神主 모시는 집.

一七. 영종이십년英宗二十年(一七四四: 1744).

一八. 가묘家廟 즉 사당祠堂.

一九. 외손外孫.

二〇. 정장呈狀 소지 정하는 것.

二一. 환퇴還退. 물른 것.

二二. 문기文記.

二三. 여필주呂弼周.

二四. 여가呂家 져자 암씌는 저즘께.

二五. 일야日夜.

二六. 선조명신宣朝名臣.

二七. 조가朝家 즉나라입후立後, 후손後孫을 정함.

二九. 사람士林, 선비들.

三〇. 서원書院, 즉여주驪州, 광주廣州에 서원書院세우고 그를 존봉尊奉함.

三一. 동박痛迫.

三二. 진신사림縉紳士林, 양반선비들.

三三. 혁상蠹傷느껍게 생각함. 삼사三四, 헌부憲府, 사헌부司憲府. 정부논집政府論執, 백관두찰百官糾察, 기망진장紀網振張, 풍속정숙관억신설風俗正肅寬抑申雪 등을 맡은 관아官衙.

三五. 한성부漢城府.

三六. 누대屢代.

三七. 성친成親은 성종成宗의 친성종親成宗은 대종大宗으로 분파分派해 사대四代를 지낸 종가宗家.

三八. 대원代遠, 대代가 먼 것.

三九. 혈손血孫, 그 피 받은 자손子孫.

四〇. 지속遲速, 속히 될까 늦게 될까 함.

四一. 본조本曺, 본本 예조禮曺.

四二. 권도權度.

四三. 봉안奉安, 모시는 것.

四四. 논리제급論理題給. 사리事理를 의논해 써줌.

四五. 예조처분禮曹處分.

四六. 단자單子, 알리는 글.

## 우념재수서雨念齋手書

아참[一]무님 가올재 샹셔하여삽더니 진시, 드러갓삽더니잇가 [二]오간 [三]긔후 평안하압심 엇더하오니잇가 자는 [四]너들이 졈심하고 [五]농인읍내로 가오니 가고 갈사록 졈졈 머러가오니 아모리 [六]져어하여 견대노라하여 어렵사오이다 [七]차담 한행담 녀허 [八]봉표하여 [九]이찬이 가는대 주어보내압나이다. 일본 가온후는 [一0]진셔 편지는 못주어 보낸다 하오니 미리 긔별하오니 혹 친고의 편지라도 드려보내지 마옵쇼셔 [一一]이복이는 [一二]양지참가지 다려가압나이다 띄가 둘이 젹사오니 그돈의 모단 띄 한나만 쟝만하여 두엇다가 아무[一三]신편의 부쳐보내압쇼셔 총총 이만 알외오며 내내

관회하여 부대부대 몸 됴셥하옵셔 병환 [一四]엇시겨압쇼셔

[一五]지월념구셕 자 [一六]봉환 샹셔

---

一. 하인 이름.

二. 이사이, 차간此間.

三. 기후氣候, 기체氣體와 같음.

四. 지명地名.

五. 경기도용인읍내京畿道龍仁邑內.

六. 역제하여.

七. 차담茶啖. 다담이라기도함, 지방관아地方官衙에서 감사監司나 사신使臣을 대접하는

극상極上의 성찬盛饌.

八. 봉표封標. 종이로 봉하고 뉘게로 가는 걸 적음.

九. 하인 이름.

一〇. 진서眞書 즉 한문漢文.

一一. 하인 이름.

一二. 양지참陽智站, 참站은 역로중간驛路中間의 숙소宿所.

一三. 신편信便.

一四. 엇시는 없이.

一五. 지월至月. 동지冬至달, 十一月, 영조이십삼년정묘십일월英祖二十三年丁卯十一月.

一六. 이봉환李鳳煥, 호 우념재號雨念齋, 본 전주本全州, 체소재춘영오대손體素齋春英五代孫. 진사進士, 양지현감陽智縣監, 문장文章으로써 이름났다 우념재시문초雨念齋詩文鈔라는 문집文集이 있다.

어마님젼 샹살이

무닙이와 이찬의 두번 편지의 살이 알외와삽더니 진시 갓다가 드리압더니잇가 발셔 사흐리 도오니 년하여

긔운 평안하압시니잇가 자는 어제 농인읍내 햐쳐의셔 자고 [一]쳐가의 잠간 단녀 오늘 [二]양지읍내셔 [三]듕화하고 [四]쥭산읍내의 와 자고 내일은 [五]츙쥐로 가오니 수일사이 [六]죠령을 넘가엿사오니 소식을 사부쳐 보내올길히 져졈 [七]희쇼하올거시오니 [八]심사 측냥치 못하올소이 다 차담한봉 표하여 보내압나이다 이복이 가압기여 등하의 잠 알외압고내내

[九]심회를 관억하여 안령이 지내압쇼셔

벼살을 응당 샹환하여실거시니 [一〇]쟝원셔 아니면 [一一]녜빈의 다흘거시니 그젼의 [一二]항녹구 차삭거촉을 자셔이 찻고 [一三]공셕 백여닙히 이시니 태샹의게 이덕이나 보내여 [一四]지완하여 드려오거나 혹 나모로 밧고와 가조오면 죠흘듯 하오이다

지월회일야 자 봉환 살이

---

一. 처가妻家.

二. 경기도양지읍내京畿道陽智邑內.

三. 중화中火, 노중路中에 점심 먹는 것.

四. 죽산읍내竹山邑內.

五. 충청도 충주忠淸道忠州.

六. 문경聞慶새재, 조령鳥嶺.

七. 희소稀少.

八. 심사心事.

九. 심회心懷.

一〇. 장원서掌苑署. 원유화과苑囿花果를 맡은 관아官衙.

一一. 예빈시禮賓寺. 빈객연향종재공궤등사賓客燕享宗宰供饋等事를 맡은 관아官衙.

一二. 학목구채學錄驅債삭거족炬燭, 학록學錄은 성균관成均館의 일직一職. 구채驅債삭은 관원官員이 봉급이외俸給以外에 사용私用하는 하인下人의 급료給料로서 받는 포백전곡布帛錢穀, 거촉炬燭은 거화, 횃불炬火와 납족蠟燭.

一三. 공석空石. 섬ㅅ거적, 관원官員의 집에 초상初喪이 나든지 하면 관부官府에 서공석空石을 내주었다.

一四. 지완遲緩, 천천히.

[一]안긔역쥬인놈의 살이 알외와삽더니 [二]부침치 아니하여삽더니잇가일긔 하 칩지 아니하오니

긔쳬 년하여 안녕하압시니잇가 자는 [三]안동셔 하로 묵어 즉금 [四]의셩으로 떠나가오니 가고갈사록 그지나지 아니하오니 [六]즈즐하오이다 병업시 날여 가오니

념녀 마옵쇼셔 벼슬은 응당 [七]샹환하여실들 하오니 무슨[八]마을노 가삼

는지 몰나 답답하오이다 [九]샹사 자졔 두리 안동가지와 도라가오매 [一〇]등하의 잠 알외오며 내내

평안히 겨오심 바라압나이다

[一一]정묘납월초구일 자 봉환 샹셔

---

一. 안기역주인安奇驛主人, 안동安東에 있는 안기역安奇驛.

二. 부침浮沈, 편지를 전하지 않는 것.

三. 경상도 안동군慶尙道安東郡.

四. 경상도 의성군慶尙道義城郡.

五. 끝이.

六. 싫증나는 것.

七. 상환相換, 교환交換.

八. 관부官府.

九. 상사上使, 사신使臣의 신위首位, 일본통신사日本通信使의 상사上使.

一〇. 등하燈下

一一. 영조이십삼년정묘납英祖二十三年丁卯臘, 월납월月臘月은 섣달. 십이월十二月을 이름.

[一]샹사 자졔편의 총총히 샹셔하여삽더니 즉시 젼하압더니잇가 초이일[二]하셔후의난 쇼식을 듯자올길히 업사오니 쥬야 답답하여 못견대올사이다 셔울은 일긔 [三]응당 칩사올거시니

긔쳬 년하여 안녕하압시니잇가 자 어제 [四]영쳔 와 자오니 셔울셔난 뉵백삼십니 되오니 마음이 졈졈 아득하고 근녁도 지당키 얼엽사온들 엇지하오리잇가 대단한 병은 업시 가오니

념녀 마압쇼셔 오날은 [五]녜사날 [六]아흐로셔 잔칙하여 보내난 날이기여

[七]감새 나와 [八]됴양각이란 집의 [九]대풍뉴하고 삼사신일행 쳥하여 놀고 내일 [一〇]경쥐로 가오니 사나흘사이 [一一]울산 드러가 또 잔칙하고 부산 다달을 거시니 졈졈 아모라탄 말이 나지 아니하오이다 울산 가 묵난날 오산강졍 터의 가

[一二]사당의 단니고 두로 차자 뵈압고져 하압나이다 창골동내놈이 가노라 하오매 [一三]분요 즁의 잠 알외오며 내내 안녕히 지내압심 바라압나이다

정묘납월십이일 자 봉환 샹셔

---

一. 상서上書, 아랫사람이 윗사람에게 올리는 글.

二. 하서下書, 윗사람이 아랫사람에게 내리는 글.

三. 아마.

四. 경상도영천군慶尙道永川郡.

五. 예사禮謝하는 날.

六. 관아官衙.

七. 경상도감사慶尙監司.

八. 조양각朝陽閣.

九. 대풍류大風流, 기악妓樂을 크게 베푼 것. 삼사신일행三使臣一行. 삼사신三使臣은 상사上使, 부사副使, 종사관從事官. 상사홍계희上司洪啓禧, 부사남태기副使南泰耆 종사관조명변從事官曹命釆.

一〇. 경주慶州.

一一. 울산蔚山.

一二. 사당祠堂.

一三. 분요紛擾 퍽 수수함.

[一]발편으로 샹셔하여삽더니 [二]진시 젼하여 갓사더니잇가 치위 심하오니

긔쳬 년하여 평안하압시니잇가 쥬야 답답하여 념녀 [三]브리압지 못하압사이다 자난 병업시 잇삽고년하여 [四]부산셔 [五]햐쳬의 머루러 경월 초구일만 기다려 바람곳 부오면 [六]발션할가 시브오이다 [七]원령이 가오매 잠 알외며 내내

긔쳬 만안하압시고 념녀 마압쇼셔

납월념사일 자 봉환 샹셔

---

一. 발편發便, 떠나는 편.

二. 즉시.

三. 해이解弛함.

四. 부산釜山.

五. 하처下處, 여사旅舍.

六. 발선發船, 배 떠남.

七. 사람이름.

[一]극한의

[二]긔쳬, 평안하압시니잇가 쥬야 념녀 부리압지 못하올사이다 자난 년하여 병업시 잇사니

[三]하념 마압쇼셔 발편의 총총하여 잠 알외압나이다

정묘납월념오일 자 봉환 샹셔

---

一. 극한極寒.

二. 기체氣體.

三. 하념下念. 윗사람이 아랫사람을 생각함.

[一]념오일

하셔를 오날 밧자와 보압고 탐탐 다행하오대 근내 [二]두어슌 하셔의 긔쳬평안하압신 말삼 아니 하압시니 극히 굼굼 념녀 가이 업사오이다 자난 아직 무사히 잇삽고 발셴이 수일간의 될가 시보오니 심사 측냥치 못하올소이다 발편 총총 잠 알외오며 내내

안녕하압심 바라압나이다

[三]무진[四]이월초이일 자 봉황 샹셔

一. 념오일念五日, 즉 이십오일二十五日.

二. 두어 번.

三. 영조이십사년英祖二十四年, 무진戊辰.

四. 원월元月 즉 정월正月

어마님젼 샹셔

어제 발편의 샹셔하엿삽더니 응당 진시 젼하여 갓사오리이다 문안 어더 듯자올길 업사오니 쥬야 답답 념녀 견대지 못하올사이다

긔쳬 년하여 만안 하오시고 [一]슈교셔도 [二]대되 평안하오시니잇가 자난 년하여 무사이 잇사오대 심회 칙냥치 못하오니 엇지하오리잇가 얼마하연 [三]왕반하올것 아니니

[四]관회하여 지내압시고 부대부대 병환나지 마압쇼셔 원녕의하인가난대 잠 암외압나이다

무진원월초삼일 자 봉환 샹셔

一. 수교水橋, 서울수교 다리.

二. 모다.

三. 왕반往返, 갔다 돌아옴.

四. 관회寬懷. 마음을 너그럽게 가지는 것.

어제 편지 쓰오대 [一]해신졔를 부산압 오리허 [二]영가대란데 가 지내오난대 [三]젼사관 겸 [四]대축을 하여 동일토록 졔물 차려 [五]삼경의 [六]진셜하여 사경의 지내와 졔문지어 사신이 모다 [七]대해지신위판 아페 [八]독츅하고 오경의 자와 다른 [九]졔관 대리고 쟈근배 타고 [一〇]폐백과 양식각 한그릇 가지고 졔문 껴 [一一]대해시에 가 더지고 오오니 심사도 죠치 아니코 분요하여 겨우 와삽나이다 오늘 [一二]승션택일습녜라하고 식후의 [一三]군복하고 일행이 대되 배 타고 [一四]대양밧긔 수십니로 돗닷고 가 [一五]왜관지나가 져녁의 도로와 대혀 잇다가 아모날히나 아조 떠나가압더이다 [一六]풍셰는 졔사파한후 즉시 슌하여 가올거시오대 [一七]장계하여 쳥하는 일이 잇기에 아모때에 결말 나올듯 할가보오니 이달 내의 나가오면 다행할가 하오며 승내골 니셔방과 셔셔방몽닌의게 사람 년하여 보내여 [一八]도셔 삭긴돌 다삿개를 차자 부대부대 승션젼의 밋처 보내압쇼셔 슈교 [一九]죵졔다려 아모죠록 셔셔방몽닌이를 차자보고 도셔돌 사긴것 다슷개를 차자 달나하여 소옴의 싸고 보회 [二〇]가든히 봉하여 [二一]샹사댁으로 수이 보내게 하압쇼셔 그사이 응당 발편이 잇사올거시니 아니 또 샹셔하오리이잇가 다만 즁간의 부침하난가 시보오니 민망 답답하오이다 내내 긔체 안녕하압심 축슈하압러이다

무진원초구일 자 봉환 샹셔

샹사댁의 수일도리로나 살암 보나여 보압쇼셔 이젼 편지 혹 못간

거시나 잇난가 차자 보압쇼셔 니은진직동과 매동의 니셰득의게 편지를
안동 영쳔 두고을 써 주어삽더니 이편지도 못갓던가 시브외다

---

一. 해신제海神祭.

二. 영가대永嘉臺, 부산성釜山城 서西바다 위에 있는 곳인바 떠날 때 해신海神께 기도祈禱하는 곳.

三. 전사관典祀官, 제물祭物을 맡은 관원官員.

四. 대축代祝, 대행代行하는 축관祝官.

五. 삼경三更. 밤중, 자정子正, 오후12시午後十二時쯤.

六. 진설陳設. 제사祭祀음식을 버려 놓은 것.

七. 대해지신위판大海之神位版, 대해신大海神의 목판木牌.

八. 독축讀祝. 축을 읽음.

九. 제관祭官.

一〇. 폐백幣帛. 예물禮物.

一一. 대해시大海市, 대해大海의 신기루蜃氣樓.

一二. 승선택일습례乘船擇日習禮.

一三. 관복官服.

一四. 대양大洋.

一五. 왜관倭館.

一六. 풍세風勢.

一七. 장계狀啓, 감사監司 또는 왕명王命을 받아 지방地方에 간 관원官員이 왕王께 아뢰는 글.

一八. 도서圖書, 도장圖章.

一九. 종제從弟. 사촌四寸아우.

二〇. 간촐히.

二一. 상사댁上使宅.

두슌

하셔 한번의 밧자와 보압고 하경 탐탐 다행 깃부압기 측냥치 못하올사이다 초팔 초구일 두번 살이 알외와삽더니 응당 젼하여 가실듯 시브오니 아직 가지난 이따의 이시니 쇼식이 그리하여도 왕내하오대 [一]말니이국의 간후 이만치도 문안드를길 업사오니 심새 아득 하오이다

그사이

긔톄 년하여 안녕하압시니잇가 [二]쥬야현념하여 엇지 다 알외이리잇가 자난 무사이 침식하고 잇사오니 이난 다행하오대 발션은 아모때의 될줄 모로오니 번사 도로혀 민망하오이 다 발편 밧비 가오매 잠 알외오며

내내

관회하오셔 평안하심 축슈하압나이다 셔몽닌의게 부대 도셔돌 오개차자 보내압쇼셔

무진원월십이일 자 봉환 샹셔

---

一. 만리이국萬里異國.

二. 주양현념晝夜懸念, 밤낮으로 생각함.

[一]츈긔 [二]남방이라 심히 더압소오니 셔울도 치위 눅고

긔후 년하여 만안하오시니잇가 쥬야 하경의 념녀 잠인들 엇지 노히오리잇가 자난 무사이 [三]침식하압고 발션도 [四]회초간으로 될가 시보오니 [五]슌풍이나 만나 무사이 건너가오면 도로혀 다행하올가시보오이다 [六]졔슐관의 죵이 가기여 등하의 잠 알외오며 내내

평안히 관회여 지내압심 바라압나이다

무진원월이십사일 자 봉환 샹셔

---

一. 춘기春氣, 봄기운.

二. 남방南方, 남쪽.

三. 침식寢食, 자고먹음.

四. 회초간晦初間, 그믐 초생사이, 즉 월말월초月末月初.

五. 순한 바람, 순풍順風.

六. 제술관製述官. 시문詩文의 제술製述를 맡은 통신사通信使의 일직一職.

요사이 일긔 훈증하오니

긔체 년하여 평안하압시니잇가 쥬야일신들 하경의 엇지 노히오리잇가 자난 병업시 잇사오니 다행하며 발션긔약이 갓갑사오니 [一]풍새 슌하면 죠흘가 시보오대 엇지 [二]긔필하올이 잇가 벼살은 어내 마알노 가삽난지 답답하오이다 발편 총총하와 잠 알외며 내내 관회하 여 안녕히 겨압소셔

무진원월념뉵일 자 봉환 살이

---

一. 풍사風事, 바람.

二. 작정.

울산 편지 보내오니 그속의 심원셩집의 가난 편지 잇다하오니 사냥젼의 드러던집 쥬인의게부대 젼하여 달나 하압더이다

셔울친구의게 편지하고 시보대 한 두곳 아니라 [一]취샤 어려워 [二]일병 못써 보내오니 응당 꾸지즐줄 아되 엇지하오리잇가 공망이 혹오압더니 잇가

[三]님행의 두죠희 흐리워 알외오며 내내

그체 안녕하압심 츅쳔하압나이다

무진이월초구일 자 봉환 샹셔

---

一. 취사取捨. 뉘게하고 않기.

二. 일병一竝, 일체一切.

三. 임행臨行, 떠나며.

십이일 발션하기여 편지 미리 써다가 한봉은 쟝계편의 브치고 두봉은 문광의 형놈의게 맛져삽더니 의외 바람 즁지하기여 부산 [一]하류 오리허의 [二]대양즁의 닷주고 [三]경야하오니 그 편지들이 다 발션하난냥 채보고 떠나냐 하올거시 [四]마고쳐 젹어 쇼션으로 통하오며 금휠 초사일하셔 츄후하야 [五]경방자 편으로 오오니 밧자와 보압고 비로소 만져난 편지오나 탐々 새로이 깃보오며 반가오은 말삼 어이 다 알외오리잇가 초오일 이후 긔체 안녕하오시니잇가 쥬야 념녀 그지 업사오이이다 간밤의 비오고 풍세 도로 [六]역풍되기여 오늘 발션 못하고 쥬즁의 또 경야하고 내일이면 북풍 어더 일즉이 떠나가리라 하오 니 슌히 긔필한대로되면 사백니를 이슌풍의 무사이 가올거시니 다행하올가 시브오이다 젼후 하셔 일일이 젼하여 왓삽고 혹 [七]션휘 잇사와도 [八]죵시 다왓사오니 부대 샹사댁의 편지 아니젼한다 마압쇼셔 죵이가 엇지하엿삽던지 샹사자제 편지예 하여시되 젼후 [九]셩쟝의 집 편지를 각별이[一0]쳥탁하여 아므리 밧바도 자셰이 젼하라고 [一一]친집하여 보내엿더니 집의셔 [一二]마양 편지 부침한다하니 극히 괴히하다 하여시니 [一三]샷도만 하셔도 심히 엇더히 녁이시니 극히 불안하오이다 이제란 이러니 져러니 말고 편지만 써 샹사댁의 보내면 자연히 젼하여 오오리이다 농인아해 일홈으란 [一四]해문이라 지으라 하압쇼셔 해샹의 셔 드러사오니 그리하면 죠흘듯 하오이다 사연 총총하와 잠 알외오며 내내 긔후 안녕하압심 축슈하압나이다

무진이월십삼일 자 봉환 샹셔

---

一. 하류下流.

二. 대양중大洋中.

三. 경야經夜. 밤을 지내.

四. 마구쳐.

五. 경방자京房子, 계수주인界首主人, 경절리京邸吏가 그 소관所管 읍내邑內에 가는 공문公文, 통신通信을 전하는 하인下人.

六. 역풍逆風.

七. 선후船後.

八. 종시終是, 마침내.

九. 아내에게하는 편지.

一〇. 청탁請托.

一一. 친집親執 친히 행行함.

一二. 매양, 편지마다.

一三. 사도使道, 상사上使를 이르는 말.

十四. 해문海聞

초팔일 뉴봉사 자졔 가압거늘 샹셔 하여사오대 [一]사행으로 가난 길이니 응당 회간의 젼하오리이다 셔울은 [二]졀후 아직도 칩사올거시니긔톄 년하여 안녕하오시니잇가 이달은 쇼식을 듯잡지 못하오니 쥬야 답답하여 심사 측냥치 못하올소이다 자난 병업시 잇삽다가 발션을 슌풍 만나 초구일 승션하여 영가대란대셔 떠나가오니 고국 산쳔을 니별하고 가오

니 오늘 저녁이면 [三]슈로 사백니를 [四]일범으로 건너 [五]대마도 압 [六]좌슈나포라하난대 가나리올거시니 [七]졍니 아득하온들 이지경의 오온후 엇지 하오리잇가 풍셰 슌하고 대마도 건난후 슈로이셔도 다 이백니식 삼백니식 슌하온 길히라 하오니 슈로 [八]뉵로 이쳔니의 여라달 된다 하오니 심난하오대 남이라 가오리잇가 관겨치 아니하올거시니 념녀마압쇼셔 이번 [九]사행은 [一〇]각별이 졍백하여 [一一]이국의 꺼리게 하려 하압고 [一二]매마 [一三]일졀을 [一四]일죄로 마련하오니 그리 되게 되면 작히 긔특하오리 잇가 [一五]피인의 [一六]샹사하난은을 일병 바리고 올 법잇다 하오니 범사 그리하게 되면 다행할가 시브오이다

---

一. 사행私行, 사사일로 감.

二. 절후節侯, 기후氣候.

三. 수로水路.

四. 한배.

五. 대마도對馬島.

六. 좌수나포佐須奈浦, 부산釜山서 서백팔십리四百八十里.

七. 정리情理.

八. 육로陸路.

九. 사행使行.

一〇. 각별恪別, 특별.

一一. 이국異國.

一二. 매매賣買.

一三. 일절一節, 한 가지.

一四. 일죄一罪, 한 죄.

一五. 피인彼人 즉 왜인倭人.

一六. 선사.

어마님젼 상서

십뉵일의 [一]악포의 무사이 [二]도박하온 편지 써 [三]비션의 쥬어 보내와 사오니 응당 즉시 젼하여 갓사오리이다 초구일

하셔를 오날 밧자와 보압고 긔쳬 안녕하압신줄 아오니 탐탐 깃보오나 [四]뇽인아병은 참혹하온들 엇지하오리잇가 블샹하오니 발셔 짐작하와삽나이다 브대브대 심회를 [五]굿히지 마압시고 아모죠록하와도 안녕히 겨압시다가 모재 샹봉하여 죠히죠히 지내압기 바라압나이다 자난 무사히 병 업시 잇다가 내일 또 발션하여 가려하압더니 의외예 부사 배예셔 불나 [六]인삼과 [七]녜단을 다 태옵고 부사일션은 [八]못독 다 [九]회신이 되고 사람 둘히 죽고 [一0]부사일행 [一一]행장의복을 [一二]몰수히 업세지오니 [一三]소견히 참혹하온 밧긔 인삼 칠십근을 다 태오니 [一四]피인의 녜물 줄거시 업서지오니 사행의 [一五]대새 낫사오니 [一六]젼두의 약간 일월이나 [一七]귀긔지쳬하올거시니 고히한 변괴올소이다 샹사 일행과 죵사관일행이 다 무사하오니 그런 쳔행이 어이 잇사오리잇가 귀긔 팔월로 도라가올거시러니와 [一八]사괴 고히 되오니 아마도 구월회초간의 될가 시브오이다 두어달사이오니 얼마동안 이오리잇가 브대브대 관회하옵시고 병환업서 됴리하압심 [一九]츅쳔하옵나이다 부사배 [二0]화환가달노하여 비션이 또 장계 가지고 가오매 잠 알외압나이다

무진이월념이일 자 봉환 재대마도악포 샹셔

---

一. 약포鰐浦.

二. 도박到泊.

三. 비선飛船, 빨리가는 배, 통신通信하는 배.

四. 용인아병龍仁兒病.

五. 언짢이.

六. 인삼人蔘.

七. 예단禮單, 예물목록禮物目錄을 적은 단자單子.

八. 못닥, 몽땅, 전혀.

九. 회신灰燼, 재.

一〇. 부사일행副使一行.

一一. 행장의복行裝衣服.

一二. 몰수沒數히, 모두.

一三. 소견所見, 보는바.

一四. 피인彼人의 예물禮物.

一五. 대사大事.

一六. 전두前頭. 앞의.

一七. 귀기지체歸期遲滯.

一八. 사고事故.

一九. 축천祝天.

二〇. 화환火患까닭으로, 화재火災난 까닭으로.

악포의 뉴하올제 [一]장계편의 샹셔하엿삽더니 응당 오란후에 [二]젼람하엿사오리이다 이리 오온후는 쇼식이 막연이 더 [三]조격하오니 초구일이후의 문

안이 년하여 엇더하압시니잇가 쥬야 사모하여 잠시도 브리압지 못하올소이다 쟝동 니셔 방이 미쳐 못오쟈 발션하압기예 초팔일 하셔를 못보압고 오오니 더욱 [四]결연하오이다 자는 이십삼일의 슌풍어더니 발하여 대매도 [五]부즁의 드러와 무사이 도박하옵고 그후 년하여 병업시 잇사오니 극히 다행하오되 고국을 이쳔니외의 아득히 머러지압고 젼로 슈슉이 또 오쳔니 [六]쟝근하오니 심새 측냥치못하올소이다 부삿배 화환만난후 인삼 가달노하여 약간 [七]쟁힐 하올거시니 귀긔는 응당 일이삭이나 [八]칙치하올

거시니 더 견대기 얼여울가 시브이다 장계편이 또 비션으로 급히 가압기에 잠 알외오며 내내

관회하압셔 긔톄 안녕하옵심 바라압나이다

부샷배 화환후의 장계 년하여 가오니 셔울은 응당 샹업슨 소동하는 거즌말이 만사올거시니 브대 밋지 마옵시고 념녀마옵쇼셔 이쳔니밧긔 일이 실상으로 젼하여 가지못하올거시매 이리 알외압나이다

무진이월이십뉵일 자 봉환 샹셔

---

一. 장계狀啓하는 편.

二. 전납轉納.

三. 조격阻隔, 막힌.

四. 섭섭함.

五. 부중府中.

六. 장근將近.

七. 쟁힐爭詰.

八. 밀려감.

[一]재작일의 [二]일기도의와 [三]회박하여 비션의 [四]경신을 엇자와 단오일과 오월이십삼일 츌하 온 [五]냥도

하셔 밧자와 보압고 탐々 깃브오며 다행하온 말삼 엇지 다 알외오리잇가 그후 삼삭이 되오니 그사이

긔톄 년하여 안녕하시오니시잇가 쥬야 사모하여 일시도 브리압지 못하올소이다 자는 친행으로 병업시 무사이 슌풍 만나 년일 발션하여 어제 이경의 대마도의 회박하오니 에셔 여들애 묵어 [六]후풍하여 즉시 떠나오면 이달 회초간이면 부산을 가올거시니 당초 [七]소료보옵다가는 신속하옵고

쳔행이올소이다 [八]선내군관이 비션으로 급히 가오매 잠 알오며 그사이

긔후 안녕하심 바라압나이다

무진칠월십구일 자 봉환 샹셔

---

一. 재작일再昨日.

二. 일기도壹岐島.

三. 회박回泊.

四. 경신京信, 서울 소식.

五. 양도兩度, 두 번.

六. 후풍候風, 배 떠날 때 순풍順風을 기다리는 것.

七. 소료所料.

八. 선내군인船內軍官.

하총총하와 달은말삼 못하오셔 내내

긔체 안녕하오신 문안 아압고져 하압나이다 자는 무사이 [一]경샹감영가지 왓사오니 이십눅일이면 [二]니쳔으로 가올거시니 보와 먼져 내셔 가고져 하압나이다 인편하여 잠 알외아오며 이제는 쳔행으로 반가이 뵈오올가 시브오이다

무진[三]윤월이십일 자 봉환 샹셔

---

一. 경상감영慶尙監營.

二. 경기도이천京畿道利川.

三. 영조이십사년무진윤칠월英祖二十四年戊辰潤七月.

셩쟝

쳔니의 일망이 지내니 나는 무사이 오거니와 가즁은 엇지들 잇는고 심회 불안하니 [一]쇠년이라 쇼시와 다르니 [二]아쇼들의 쇼식으로 하여 그러하온가 [三]셜한이 [四]셔로의는 [五]무젼하다 하오니 [六]경즁도 응당 갓흘거시니 [七]남산졀졍의 더 오즉하올가 아배들 거늘이고 년하여 평안하오신가 념녀 [八]경경하압 나는 길희셔 병업시 오날이아 [九]의쥐 드러오니 [一〇]작동금춘 [一一]면목이 의구하니 [一二]광음이 훌훌하고 쟝부의 행색이, 도뢰혀 [一三]가쇼롭사외 귀긔는 아모꾀될줄 모르니 년하여 거느리시고 평안이 지내압 [一四]배지편의 잠 젹삽

신사납월십칠일 셩쟝

---

一. 쇄년衰年 늙는 해.

二. 아소兒小.

三. 설한雪寒.

四. 서로西路, 평안도平安道.

五. 무전無前.

六. 경중京中.

七. 남산절정南山絶頂, 남산골 마루턱에 사던 것.

八. 경경耿耿, 까막거리고 생각는 것.

九. 의주義州.

一〇. 작동금춘昨冬今春.

一一. 면목面目이 의구依舊.

一二. 광음光陰, 세월歲月.

一三. 웃으운 것.

一四. 패지陪持. 서울과 의주義州사이에 말타고 공문公文을 전하는 이, 기발騎撥이라고 도 함.

一五. 영조삼십칠년신사英祖三十七年辛巳, 이는 이봉환李鳳煥이 그 부인夫人께 한 편지.

셩쟝

넘오일 편지를 재작의 바다보오니 쳔니 머다 니르지 못하올거시압 편후 셰색이 밧고이니 아쇼를 거느리고 평안이 지내 시는가 [一]한만한 홍의 [二]공연이 [三]졀새의 도라오고 [四]남산풍셜의 [五]가속 바린드시 두니 아모리 [六]소활코 방탕한 쟝부의 심횐들 엇지 편하압 몸은 죠히 이시나 마암은 [七]쳐초하니 [八]만목한 홍분과 [九]입이하는 현관이 쥬인은 비록 맛쳐 놀때로 놀내 하여도 [一〇]일시 이목이이니 [一一]펴려의 [一二]쳐쳡자녀 다리고 [一三]긔한를 지내고 [一四]언쇼하여 지내나니만 못하니 녯사람의 글의 [一五]재가빈역호 라 한말이 을삽 편지듕의 념녀하고 [一六]규간한 말이 졀당하고 불샹하며 [一七]언언이 착하니 내 아모리 엇지 아니하여도 이 뜻을 져버리올가 내내 무사이 지내심 바라압

[一八]임오원월초길 셩쟝

---

一. 한만汗漫, 늘어진 것.

二. 공연空然히.

三. 철새絶塞, 먼 국경지방國境地方.

四. 남산풍설南山風雪.

五. 가속家屬, 가족家族.

六. 소활疎濶.

七. 쓸쓸함.

八. 만목滿目한 홍분紅粉, 많은 기녀妓女.

九. 입이入耳한 현관絃管, 요란한 음률音律.

一〇. 일시이목一時耳目.

一一. 패려弊廬, 자기 집.

一二. 처첩자녀妻妾子女.

一三. 기한饑寒.

一四. 언소言笑.

一五. 재가빈역호在家貧亦好.

一六. 규간規諫, 도리道理로 간한 말.

一七. 언언言言.

一八. 영조삼십팔년임오英祖三十八年壬午.

## 임오이월초칠일 셩쟝

쳔니외의 [一]삼삭을 [二]작객하니 내 일신은 무사이 안과하나 알둔새 가라야 아쇼와 가쇽이 자연 심두의 닛지 못하오니 마양 편지마다 사념하난 말이 못하난 언문의도 금치못하니 [三]작셰 연행의도 아니하던 사연이 나니 그사이만 하여도 더 쇠하여 그라한가 시브압 녀하여 대되 편안이 지내압고 아쇼들 병업시 잇삽난가 [四]몽매도 심히 번난하니 더욱 못닛삽내 도라가기난 발셔부터 가려하되 쥬인이 녀하여 만뉴하기에 일일 이일후 지금 뉴련하니 가즉지 아닌 길히기에 자연 지톄하니 고릅삽 또 배지가기예 등하의 잠 젹으니 내내 무사하심 바라압 어제 [五]완완히 가난 인편이 잇기예 [六]뉵미원 두봉과 사당 열둘 부쳐보내여시니 응당 념후의아 젼할듯 시보압

---

一. 삼삭三朔, 석달.

二. 작객作客.

三. 작세昨歲, 지난 해.

四. 몽매夢寐.

五. 완완緩緩히.

六. 육미원六味元, 약藥 이름.

성쟝

초오일 편지 오날 셕후의 바다보고 년하여 대되 무사이 지내신다하니 깃브압 [一]셔즁사의난 심사 쳐연하압 아쇼들의 팔자난 각각 [二]쳔졍이니 과연 [三]복쟈의 말갓튼들 엇지하압 [四]슈요쟝단은 팔자즁 알기 수온거시니 조심은 아이에 뭇지 말거슬 시브이 인졍이 응당 그려하압 귀긔난 이제난 [五]할니 [六]지린하여 [七]셩악홍분도 이목의 즈즐하니 [八]일일 가쟈하되 쥬인이 심히 만뉴하여 이제 [九]져제하니 도뢰혀 고롭삽 배지 급히 가기여 잠 뎍삽 봉사의게도 년하여 긔별하여 내 말노 밧다다가 졔사의 쓰라하엿다하고 긔별하여 진시 다 밧드면 죠할듯시브압 윤셔방의게도 그리 긔별하압 재물을 손의 내여노흐면 [一〇]이페 잇난줄 모로압난마 죵젼부터 [一一]두자츈의 규뫼심사 가튼 사람 엇지하압 내가쇽된 사람 [一二]고행격글밧 할일업삽.

임오초십일

---

一. 서중사의書中辭意

二. 천정天定.

三. 복자卜者, 점하는 이.

四. 수요장단壽夭長短.

五. 하루.

六. 지루.

七. 성악홍분聲樂紅粉, 음률音律과 기녀妓女.

八. 일일一日, 하루 바삐.

九. 묵어있음.

一〇. 이폐단.
一一. 두자춘杜子春의 규모심사規模心事, 두자춘杜子春은 중국고대中國古代의 허황한 이.
一二. 고행苦行, 고생.

셩장

년일하여 아들해 향하야 [一]몽죠 극히 고이하니 심신이 죠치못하더니 쳔만의외 이런 [二]경심잔잉한 쇼식 드르니 오장이 떨녀 차마 므슨말하압 즉금은 [三]빙모쥬 긔후와 아희 모양이 엇더하온고 다시금 놀납고 잔혹하여 일시도 심사를 경치못하압 [四]올흘 당하여 쳐쳐의 도적[五]벌쳐록 니러나 셩즁도 고단한 뫼밋집 가튼대난 [六]야반의 명화적 가치 드러 작편하난대 무수하고 [七]향거한 사람들이 다 [八]적환의 픠하여 올나오난이 무수하니 이후일이 어내날 또 엇더할줄 아지못하니 아모쥬로 하여도 급급히 올나오기로 졍하여 참혹한 경샹 만나지 마압 [九]경긔도사의도 [一〇]긔포할 관문이나 마트려 하거니와 도사난 이런 부치일의 당치아니 [一一]토포영의나 긔별한들 엇지 마암과 가치 잡삽 이뫼 봉변하온후 자바들 보슈할 다롬이니 므어슬 밋삽 하몰여 진시엇지 잡삽 즉금은 급급히 후환을 념녀하여 장잉한 아희들을 념녀하여 이왕의 못올나온일 징계하여 슌문이나 만져 올려 보내고 슌삼은 혹 생도 어더 [一二]작행할가보거든 아모죠록 구호혀 급급히 올나오압 쳔만 몽매밧끠 내 골육 옥셜갓고 효슌한 가련한 아들을 이지경을 만나 차마 잔잉한 경샹 눈의 암암하여 샹셩할듯시브니 내마암 목셕이 아니니 엇지 반시를 견대올고 쳔만 어더보고 아모쥬로나 저를 보호하기만 바라압 [一三]심혼이 비월하여 이만 젹삽

一. 몽조夢兆, 꿈의 증조.

二. 경심잔인驚心殘忍.

三. 빙모주聘母主, 처의 어머님.

四. 올해는.

五. 벌처럼.

六. 야반夜半의 명화적明火賊. 불현도적, 강도强盜.

七. 향거鄕居, 시골사는 것.

八. 적환賊患, 도적의 환란.

九. 경기도사京畿都事, 도사都事는 군부軍部의 일직一職.

一〇. 기포譏捕, 비밀秘密히 탐사探查하여 잡는 것. 관문官文. 관인官印 친 문서文書.

一一. 토포영討捕營, 진영鎭營.

一二. 작행作行.

一三. 심혼心魂이 비월飛越.

신생아의 일흠은 [一]슌삼이라 하압쇼셔 사람의 쳔지간의 금슈과 다른 거슨 어버이의게 효도롭고 화순하난거시니 [二]대슌과 [三]증삼의 쳔고의 셩인이라 젼하기 일단 효행뿐 아니여니와 그[四]긔지난 애친하난 [五]지행으로 근원하여시니 제[六]애명을 슌삼이라 하야 제아비 가치 불효무상하여 백발 [七]편친외게 일분 죠한일 뵈지 못하압고 [八]셔산뫼경의 그지업시 [九]우쳑만 기치난죄 가치 아니할가 하날끠 축원하고 이리 애명 지어 주압나이다 처음의난 효인이라 짓쟈 하여떠니 고쳐 생각하오니 제외죄[一〇]휘범 재범하기예 아니하여삽나이다.

一. 순삼舜參.

二. 대순大舜, 중국고대中國古代의 효자孝子인 성인聖人.

三. 증삼曾參, 공자孔子의 수제자首弟子. 큰 효자孝子.

四. 지기志氣.

五. 지행志行.

六. 아명兒名.

七. 편친偏親, 어머니만 있는 것.

八. 서산모경西山暮景, 노쇄老衰함.

九. 우축憂蹙, 걱정근심.

一〇. 휘자諱字, 돌아가신 이의 이름을 이름.

# 한산유찰韓山遺札

부인전장상夫人前狀上

어제 편지하엿더니 이놈 하르 몬져 드러갈가 하압내 다른 사연은 젼편지에 다 하엿거니와 내 니블 옷들이 아니시니 날이 오날부터난 [一]츄긔이시니 그 날근 당능포나 새로 사나 니블을 쉬 망그라 나리와 보내압소 송집 싀모난 왓난가 맛치 어늘날 김셩으로 갈고 [二]자시 아라 긔별하압고 내일 [三]덩이 갈거시니 [四]잠 [五]뎍삽내

[六]병오팔월초뉵일야 [七]계통

---

一. 추기秋氣.

二. 자세히.

三. 하인이름.

四. 잠간.

五. 적었삽.

六. 영조이년英祖二年(一七二六: 1726).

七. 이통季通, 이집李潗의 자字 목한산木韓山, 영조이년오월英祖二年五月 황해도관찰사黃海道觀察使가 되었다.

[一]룽남 으와날 아회이룬업시 날마다 기다리고 어제난 [二]즈즐하여 기다

리디 아니코 잇삽더니 덕사오시니 보압고 이런 일긔예 긔운 그만이나 한가지로 디내오시니 든든 깃브오며 예도 [三]무양하압 [四]믈때난 계워가고 매새 답답하압더니 보내신것들 수대로 자시 밧자와 하라하신대로 주니 하 됴하들 하니 혼자 보기 앗갑삽 죵들 다 주대 [五]후진은 목시 아니오기 [六]향덕이 아직 아니왓기 몬져 주고 츈남은 둘은 가졋난가 무르니 본대 [七]별감 주난거시이셔 그를 가졋고 [八]의자의난 져난 못어덧노라하압 [九]오연이 돌보낼제 [一〇]닙져라 보내대 그 재난블샹하니 브대 [一一]어이샷기 한벌식 닙고 잘것 수이 보내면 [一二]언마오 몃몬져 보나게 하압 며나리 딸 다 두고 가니 가난가 시브지 아니하고 김집은 죵업슨거시 자식들 하고 그 닙을 것들 [一三]다듬져셔 찰혀 주고가니 더 다사하고 주접든샹 [一四]니로 못난대 뎌리가 안게시니 더 민망하압 [一五]송집은 복 다 차이시니 제싀모 보롬날 온다니 다리고 갈거시니 그난 깃브대 [一六]남색 쟝만하여 보내기하고 심난하압 명디 온것들 이듕의 나은 필이 예셔 넉냥은 주게 하엿삽 평안도 명디 갓튼거시 업삽 [一七]닛오미는 아니왓삽 반찬은 이번은 마시 잇삽 감사치 아니하고 달나난 소래 듯기 슬삽 박챵조의게 돈 보내고 [一八]보람 맛다 가라하압 능재난 수이 가라하니 뎡이 즈즐 기다리여 만날가 밋노라하압

팔월초사일 [一九]유

---

一. 종 이름.

二. 권태倦怠하여.

三. 무양無恙, 무고.

四. 수로水路를 이름.

五. 종 이름.

六. 종 이름.

七. 별감別監.

八. 하인의 이름.

九. 하인의 이름.

一〇. 입을 것이라.

一一. 모자母子.

一二. 얼마든지.

一三. 장만하여.

一四. 이루 말할수 없음.

一五. 송씨宋氏집으로 출가出嫁한 딸이 그시집 상복喪服의 기한期限이 다되었으니.

一六. 남색藍色.

一七. 부리는 사람의 이름.

一八. 수표手標, 영수증領受證.

一九. 이집李潗의 부인夫人인 정부인기계유씨貞夫人杞溪兪氏 참판유헌녀參判兪櫶女, 혜경궁홍씨惠慶宮洪氏의 외조모外祖母

초십 한 편지난 이편지젼의 드러갈꺼시니 [一]십팔즈음 가삽던가거번드르니

[二]빙모님겨오셔 편치 못하시다 하더니 요사이난 엇더하오시며 날긔운이 삼히 사오나오니

뫼오셔 편안하시온가 나난 아직 뫼압고 [三]됴히 이시니 깃브기 가이업사의 어루신내께 편지하고십오되 [四]거역갓하엿고 사람 가난 줄 몰낫다가 [五]등하의서 쓰기에 못하니 이말삼 [六]숣삽소 밧바 긋치며 아프로 뫼오셔 평안하심 바라압내

[七]신묘직월망辛卯臘月望 여강汝剛

一. 십팔일十八日 즈음.

二. 빙모聘母, 처모妻母.

三. 잘.

四. 거역巨役, 큰 일.

五. 등하燈下.

六. 여쭈오.

七. 英祖四十七年(一七七一).

八. 이집李潗의 자子 이병건李秉健의 자字. 지예현감知禮縣監을 지냈는바 이는 그 부인夫人에게 한 편지.

어마님젼 샹살이

거번 [一]양진샹편 샹셔 어느날 [二]감하오신가 하오며 [三]눅득 오압난대 [四]하셔 밧자와 보압고[五]행차하압신후

긔운 일양강녕하오심 듯기 깃부와 하오며 자난 [六]회일이야 [七]나잔 왓삽기 그날 셕후 셔문밧 [八]장교의 집을 잡아사오니 집은 정하여 됴삽고 [九]공사를 긋치고 아니하오니 싀원하오나 [一〇]룽긔을 닷그랴 하니 각고에 쌀이 정혀 업서 슈를 채와 너흐랴니 약간 남은 돈이 다들고 오히려 부족하오니 [一一]수월냥이나 두어야 할대 젼혀 업사오니 어덜지 민망하압 서울셔 이런즐 모르고 [一二]해외슬가 딱하압 [一三]샹동혼인은 신부례까지 지냇다 하오니 싀훤하오니 예셔 보낸밧 만히 들엇다 하오니 긔별도 아니코 무어슬 썻난 아들회일 민망만 하오이다

제사에 쓰을것슨 보내올여니와 [一四]백불이 다 부독하여 다른 보낼것업사오니 [一五]문화셔나 나올것업삽 수일후 또 [一六]인마 가올것시니 잠 알외며 내내

긔운 안녕하압심 바라압나이다

[一七]긔튝오월삼일 자 [一八]산듕 샹

[一九]감곽이속

[二〇]쳥삼승

---

一. 두 번 진상進上편.

二. 보옵신가.

三. 하인 이름.

四. 하서下書.

五. 행차行次. 어른의 천입川入.

六. 회일晦日, 그달 말일末日.

七. 땅이름.

八. 장교將校. 각군영各軍營에 딸린 역군役軍.

九. 공사公事.

一〇. 융기戎器, 병기兵器.

一一. 두어달 양식糧食.

一二. 생각할가.

一三. 장동 혼인壯洞 婚姻.

一四. 백물百物.

一五. 문화군文化郡.

一六. 인마人馬.

一七. 영조사십오년英祖四十五年(一七六九: 1769)

一八. 이산중李山重, 이병건李秉健의 장자長子. 군자감정軍資監正감을 지냈다.

一九. 감곽甘藿- 미역이속二束.

二〇. 청淸- 꿀 삼승三升.

[一]시세제야

[二]계활이 곤궁하고 [三]년쟝 사십이라 [四]상협가온대 [五]일촌 포백이 업고 밤을 새와 바느질 하니 괴로오믈 이긔디 못하더니 태중의 오슬 짓다가

겨태 자랏난줄을 보니 아들이 나히 하나히 더한 줄을 깃거하야 닭의 소리를 즐겨 듯고 이글을 쓰노라-

송세희영춘送歲喜迎春하니
해를 보내고 해를 깃거 마즈니
금춘필유경今春必有慶이라
이봄의 반다시 경새 이시리로다
국치國治난교당우敎唐虞요
나라 다사리샤믄 당우를 본반드시고
친수재강릉親壽齊岡陵이라
어버이 슈난 강능과 가즉하시도다
치자稚子난면강보免襁褓요
어린 아들은 강보를 면하얏고
소녀少女는우결리又結離라
져믄 딸은 또 니를 결하놋다
인생人生이녕구족寧求足이랴
인생이 엇디 족한거슬 구하리오
망빈차자안忘貧且自安이라
간난한쥴을 또 스사로 편안히 잇어노라

---

一. 시세제야時歲除夜 영조이십오년英祖二十五年 기사己巳의 제야除夜.

二. 계활計闊. 생계生計를 할 줄 모름.

三. 년장年將, 나히 장차.

四. 상협箱篋, 행담. 상자.

五. 일촌포백一寸布白.

六. 아들 이름 이는 이산중부인李山重夫人. 양주조씨楊洲趙氏. 조겸빈녀趙謙彬女.

인편의 드르니 그리 셩치 아니하다니 놀라온 념녀 축냥냥업다 죵긔라 하니 증셰 엇더한고 자시 모르니 더옥 답답한 념녀 一아모라타업다 二긔별 알나 사람간다하니 자셔한 긔별 드를가 겨우 뎍으며 三회편의 나은 소식 듯기 바란다 사연 셩치 못한대 보기 어려울듯 이만 뎍으며 나앗다 긔별 오기기다린다

四무슐원월념이일 五싀조모

---

一. 무어라고 할 수 없음.

二. 기별奇別, 소식.

三. 회편回便, 돌아오는 편.

四. 영조 20년正祖二年 무술戊戌 5五, 시조모媤祖母, 반남박씨潘南朴氏 박사권여朴師權女. 이산중재취부인李山重再娶夫人

그리

행차하오신후 문 안 모로와 당답하압더니 사람 오와늘 행차 무사이 一득달하옵셔

뫼압시고 긔후 년하여 만안하오시니 하졍의 깃브와 하오며 二장동발인도 미지안하엇사오니

三외오셔 더옥 망극하압시랴 브리압지 못하오나이다 외생은 四조비쇼긔를 디내오니 새로이 五비통하오이다 밧부와 잠 알외오며 내내

긔후 안녕하압심 바라압나이다

六긔미칠월념팔일

[七]외생 [八]니셕듕 샹셔

---

一. 득달得達. 도달到達, 가신 것.

二. 장동발인壯洞發靷, 장동壯洞서 출상出喪하는 것.

三. 멀리서.

四. 조비소기祖妣小朞 할머니 소상小祥. 기일

五. 비통悲痛.

六. 영조십오년사미英祖十五年巳未

七. 외생外甥. 사위가 장인 장모에게 자기를 이름.

八. 이석중李石重. 이병건李秉健의 둘째 아들, 아모 벼슬도 못한 이.

일 젼

[一]하답셔는 지금 든든하압더니 사람 오와늘 하셔 또밧지와 보압고 더옥 깃브오며 편후 날포 되엿사오니 거느리압셔 긔후 엇더 하압심 모로와 하오며 손은 아직 무사하오나 형님이 지금 나려오지 아냣삽기 [二]아듕 뷘듯 민망하오이다 오늘제사는 평안이 지내오나 외오

겨압셔 [三]참사도 못하압심 [四]심사 오쟉하압시랴 [五]하졍의도 브리압지 못하오며 [六]우마쟁공논 글시 고이셧삽기 보오시도 못하오시고 보내여 겨압시니 애닯삽 곳쳐벗겨 보내압고시브오되 밧바 못하니 훗편 이나 보내오리이다 셔울행차난 오월로 가오신다하오니 똑 어이아압에서도 내일 모릐 가리하고 졈졈 [七]천연하오니 민망하압 춍춍 잠 알외오셔 내내

긔후 만안하오심 바라압나이다

[八]갑신사월초팔일　　손 [九]규영 살이

一. 하답서下答書.

二. 아중衛中, 관아중官衛中.

三. 참사參祀, 제사 참여.

四. 심사心事, 마음.

五. 하정下情, 아랫정지.

六. 우마쟁공론牛馬爭功論이란소설小說.

七. 천연遷延, 끌어감.

八. 영조사십년갑신英祖四十年甲申.

九. 이석중李石重의 양자養子 이규영李奎永. 통덕랑通德郎.

날이 사기 심한대

뫼시고 무양한일 알고져하며 드러와 달이 넘게되야시되 아름다오믈 남의 소문[一]쳐로 듯고 블지 속으로 뎡티 못하야시니 듀야 답답굼 거오믈 어이 다 적으리 뎌때

글시보고 탐탐반기나 [二]진긔티 못하여 지금 답장을 못하야시니 셥셥피 알뇨다 잠 뎍으며

뫼압고 보고 년하여 평안 하믈 바라노라

[三]임자팔월회일　　[四]싀조모

一. 처럼.

二. 진긔성. 정신 차리는 것.

三. 정조십육년임자正祖十六年壬子.

四. 시조모媤祖母 즉 이산중부인윤씨李山重夫人尹氏. 윤집녀尹潗女

어제 [一]살이

감하오신가 하오며 일간

긔후 만안하오신 문 안 아압고져 하오며 자는 어제 [二]의흥 자고오날 [三]영쳔 자고 내일 들게하여삽나이다 길희셔 감긔를 어더 수일을 [四]대통 오날부터 잠간 낫사오이다 슈슈 이만 알외압나이다

십일일 자 [五]해듕 살이

홍쥐사람 보내여 겨오이잇가

---

一. 상서上書와 같음.

二. 경상도의흥군慶尙道義興郡.

三. 영천군永川郡.

四. 대통大通, 몹시 앓음.

五. 해중海重, 이병건李秉健의 셋째 아들. 문과文科, 대사헌大司憲을 지냈다.

뎍사오시니 보압고 [一]번수이 못나오신일 답답하압 [二]귀증 [三]상직 재오려니와 [四]도증이야 엇디 [五]신칙하압

---

一. 번番을 수히. 당번當番되어 수히 나올 수 없음.

二. 下人이름.

三. 상직上直, 하인下人의 당번當番되어 자는 것.

四. 하인下人이름.

五. 신칙하겠소, 즉 단속할 수 없음. 이는 이재중부인홍씨李海重夫人洪氏가 그 남편에게 답장答狀한 것.

어마님젼 샹살이

[一]하인오압기 날마다 기드리압더니

[二]하셔 밧자와 든든 친히 [三]감하이압난듯 하오며 그때

[四]긔후 만안하오시니 더옥 깃부오이다 자는 [五]양당졔사 지내압기의 [六]심난한일 만사와이다 죵은 응당 나려 갓사올듯 하오니 엇더하압더니잇가 규증은 하마 나려가게얏삽더니 말업서 못갓삽거니와 본듸 사나회 일이란거시 그리키 쉽사은듸 어머님겨오셔는 변으로 아르시니 민망하나이다 알외음 슈슈 이만 알외압나이다 오늘 갑인 생일의 [七]금기나 드르지 아니게 하엿다고 하오매 자가 돈 닷돈 어더 드려보내압삽

오월쵸삼 자 [八]태녕 샹셔

---

一. 하인下人.

二. 하서下書, 윗사람이 아랫사람에게 하는 편지.

三. 닷은 뵈옵는 듯.

四. 기후氣候.

五. 양당제사兩堂祭祀, 양당兩堂은 父母 두 분을 이름.

六. 심난은 심란心亂.

七. 금긔는 금기禁忌, 꺼리는 것.

八. 태수泰水, 한산이씨韓山李氏. 자 사앙字士仰, 이산중李山重의 아들. 영조英祖 때 문료文料 그 후 황해黃海, 경상慶尙 충청감사忠淸監司를 지낸 이.

[一]의외 사람오와날

하셔 밧자와 보압고 [二]츈한이 고이하온데

긔운 일양이오신 문 안 아압고 든든 못내 알외오며 새댁도 됴히 잇삽난가 시브오니 깃브 와 하압나이다 셩쳔문안은 자루 못듯자오시는가브오니 답답 용녀하사오시라 [三]브리압 디 못하오며 [四]쳑죵딜은 어나덧 [五]담

사를 디내압고 번북을 하오니 새로이 [六]망극하오믈 엇디 다 알외리잇가 자식도 됴히 잇사오대 떠나여 보내오셔디 오라오니 셥셥 못닛자오심 브리압디 못하와하압나이다 [七]졀복이야 셩듕파 다르압고 샹히 닙삽는거살 엇디 자루하여 보내오시기 쉽사오리잇가 보내오신거슨 수대로 밧자와삽나이다 듯거온 니 불을 보내압나이다 알외을 말삼 어득하와 이만 알외오며

긔운 안녕하오심 바라압나이다

[八]무술이월초칠일　　쳑종딜부유샹셔

---

一. 의외意外.

二. 춘한春寒이 이상함.

三. 마음 노이옵지.

四. 척종질戚從姪.

五. 담사禫祀. 대기익월大朞翌月에 지내는 제사.

六. 망극罔極. 칠절복七節服, 제철의복衣服.

八. 정조무술正祖戊戌 일칠칠팔一七七八.

九. 이태영부인유씨李泰永夫人兪氏. 유한만녀兪漢萬女.

신부답셔

[一]극한의

뫼오셔 평안하오신일 아압고 든든해 드리오셔디 날포되나 즉시 볼길 업스니 섭섭굼굼해 사람오와날 뎍으니 보고든든 반갑기 측냥입내 사연 남으나 총총 이만 그치내 년하여

뫼오셔 평안안함 바라내

[二]뎡유납월십일일　　식삼촌

一. 극한極寒. 지극한 치위.

二. 종조원년정유正祖元年丁酉, 이는 이규영부인李奎永夫人 안동김씨安東金氏 편지.

어마님전 샹살이

문안 알외압고 일긔 고로압디 못하온대 평치 못하오신 긔후 엇더하오신 문 안 아압고져 바라오며 날포 一환후 낫자오시디 못하오시니 하졍의 민망 놀랍사온 복모 아모라타 업삽고 二잡사오심도 못하오실듯 더욱 복녀 브리압디 못하와하압나이다 문안됴 자시 모라오니 답답하온 하졍 아모라 언사와하오며 일긔 이러하오니

아바님 겨오셔난 평치못하오신 긔후 못하오시디 아니하오신가 하졍의 복녀 아모라타 업사와 하오며 자부난 사이 가작이잇사올적도 三감하이압디 못하압고 사이 먼니 드러가오니 결연하온 하졍 뎡치 못하압고

감하이완디도 오라오니 더옥 결연하와 하압나이다 움즉여 왕내 졀박하오되 마디못하오 되 심사만 새로이 평치못하와 하오며 알외올 말삼

감하오심 젓사와 이만 알외압나이다

一. 환후患候, 병환.

二. 잡수심, 식사.

三. 뵈옵지.

四. 두려워함. 황송함.

이것도 李奎永夫人安東金氏(이규영부인안동김씨)의 편지.

이리 오니 혼자 어이 지내난고 념녀 부린 사이 업다 우리난 어제저녁의 뫼압고 무사이 득달하고 노친 긔체 양강녕하시니 깃부기 가이 업다

아므것도 보낼것 업시 돈두냥 어더 보내니 써라 밧바 그치노라

구월십삼일 부

이는 이석중李石重의 처부妻父 윤집尹潗이가 그 따님께 한 편지.

어제 인편의

글월 든든하압고 년하여 안양지내시니 더옥 깃브압 아희들과 거의 [一]심난하다하니 무삼일노 심난하압 됴흐면 됴치 심난 고이하압 돈이나 무슈이 쌋고 이 쥬고 져 쥬고하면 쾌하올리 그랄 못하여 심난인가보압 나난 [二]희어물하압 오날 떠나랴가다 못떠나고 내일이야 가게엇삽마는 [三]교마하나히 공연히 잔등 부러져 이런 낭패업삽 집안들은 다 무양 깃브압 신집은 지금 잇삽난대 [四]패하기 너무하엿사압 떠나도 엇지못하게엿삽 지나가난 인편 잇다하기 두어자 적삽나이다 죠삼사간은 드러가올듯 하압

삼월념오일 희국

---

一. 심란心亂, 마음이 설레는 것.

二. 정신이 희미함.

三. 교마轎馬. 옛날엔 교자轎子를 말에 싣고 다니었다.

四. 못하였기.

五. 한산이씨韓山李氏의 이의국李義國. 그 부인夫人은 임씨林氏, 임동진녀林東鎭女, 이는 이의국李義國이 그 부인夫人께 한 편지, 그 夫人의 성격性格을 잘 적발摘發하였다. 돈이나 무슈이 쌋고 이쥬고 져쥬고 하면 쾌하올리 — 퍽재미스럽다.

문 안 알외압고 신셔예

긔후 안녕하압신 문안 아압고져 바라오며 [一]쳔니 객관의 겨압셔 과셰 하압셔 심사 아득히 지내압신일 하졍의 우러와 [二]허우럭 아연하온 [三]하회 아모라타 업사와 하오며 그사이 무셔운 악한 풍셜의 행차하압셔 그만치 안녕이 [四]환관하압신일 쳔행이 엇더타 알외올길 업사오며 문안듯자온지 오래오니 그사이

긔후 안녕하압신지 듀야의 답답복념이올소이다 집의셔난 어마님 간간 [五]본환으로 지내압시난일 민박하오나 과셰난 태평이들 하셧삽나이다 [六]식도 [七]혼실 무고이 지내오며 돈 이십냥과 여러가지 [八]하숑하압신것 자셰 밧자와 황감하오나 븐요하압신듕 심녀 만히 하압심죄송하압사오이다 [九]암아 무탈이 한결 더 밋사오니 신긔 귀하오며 작히 암암이 그립사와 하압신 뵈압난듯 브압지 못하오며 [一〇]어나리나 환경하압실지 남쳔을 바라와 아득히 [一一]존안을 우러와 그립사온 하회 [一二]그음업사오이다 알외올 말삼 짓사와 이만 알외오며 이 압내내

긔태후 안녕하압시기 복망복망 하압나이다

[一三]긔미원월초이일　　식　살이

---

一. 천리객관千里客館.

二. 퍽 고적한 모양.

三. 하회下懷, 아랫사람의 생각하는 마음.

四. 환관還官. 그 머문 곳에 돌아옴.

五. 본 병환.

六. 여식女息 딸이란 말.

七. 혼실渾室, 온 집안.

八. 하송下送, 보내신.

九. 아이의 이름.

一〇. 어느 날의 약어畧語.

一一. 존안尊顔.

一二. 한정限定.

一三. 철종10년 사미哲宗十年巳未인 듯. 이의 성명姓名은 미상未詳하나 퍽 곡진한 편지.

# 기타基他

누의님젼

[一]숑도가지 평안이 득달하고 병환도 [二]하렷다 하니 깃사와 하나이다. 예일은 진셔의 하여시니 아니드르시리잇가 시방 [三]의막의 잇더니 손들하고 [四]요요하여 잠 적삼

갑인삼월초구일甲寅三月初九日

---

一. 송도松都 즉 개성開城.

二. 감減하였다, 낫었다.

三. 의막依幕. 임시거주臨時居住하는 곳.

四. 요요擾擾 펵수수함.

五. 현종 십오년갑인顯宗十五年甲寅(一六七三: 1673). 이는 이선李選이 그 시부김양위姉夫金錫胄에게 한문漢文으로 편지하며 그 공간空間에 그 누이에게 하는 이 편지를 내서來書하였다. 이선李選은 호號 지호芝湖. 이조참판吏曹叅判까지 하였다.

사람 오와늘 밤사이

긔운 이러 못하오신 일은 업사오신가 십으오니 하경의 다행 축수하오며 격간의 아니곱사오신 긔운은 어이 그러하오신고 므슨 약을 고쳐 잡삽난고 이리와 잇사오니 답답 하오이다 자난 무사하압고 오날도 나갈려

하얏삽더니 행낭을 오늘 우구리쳐 소와 수본을 주처하고 가려하옵기 오늘가지 묵으려 하오니 심히 답답하오이다 마츰 생치 하나게여삽 산부이 잇사와 알외오니 혹 잡사와 보오실가 하오며 안해 편지 수수하와 대답 못하옵나이다.

념이일 자 명흠 샹셔

오와늘은 오거늘.

이러는 잃어,

하경은 下情,

아랫사람 정지,

격간은 격병.

치미는 병.

아니곱은 아니꼽, 불편함,

무사는 無事.

행낭은 行廊.

우구리쳐는 집을 다 짓는다는 충청도방언忠淸道方言.

수본은 下人의 이름.

주처는 조처措處, 처리處理.

생치는 生雉, 꿩,

게여삽은 드리압,

게여는 드린다는 말.

산부는 産婦.

수수는 번거함

명흠은 明欽, 집안 간 편지엔 성은 아니 쓰고 이름만 씀 이는英宗때 독실학자로 유명한 송명흠宋明欽,

호 낙천號櫟泉이라하는 이가 그 어머님께 한 편지.

[一]샹쟝

그사이 평안하시압 나난 한모양이압 돈일백스믈이흡냥 일곱돈 보내니 안에두어 차즐때 쥬시게하압 [二]회답을 즉시 [三]경쥬인의게로 부치압 며느리도 이편지 보아라 [四]셰후에 나난편지가 열두번을 보내여시되 게셔난 셰후에 암모을적 한번이요 [五]토슈올때 한번뿐이니 그런답답한일 어듸잇게삽

긔미이월염이일

---

一. 상장上狀. 부처간夫妻間 편지에 씀.

二. 회답回答.

三. 경주인京主人, 경저리京邸吏, 경성京城에 있어 지방관아地方官衙의 사무事務를 보는 이.

四. 세후歲後, 정월이후正月以後.

五. 토수吐手, 손목에 끼는 것. 즉 토수를 보낼 때.

六. 철종십년사미哲宗十年巳未.

七. 동번東樊번 이만용李晩用의 호號. 후사가後四家의 하나 시문詩文으로 이름 난 이. 이봉환李鳳煥의 손孫.

---

문안 알외압고 [一]츈화일긔 불슌하온대

긔후 안녕하아압신 문안아압고저 바라오며 겨울의 환후위중 하압심 듯잡고 [二]초민하온 하정 아무려타 못하압더니 [三]회츈하압셔 [四]회갑거지 디내압시니 [五]쳑손녀 이리 질겁사와 하압나이다 한마님겨압셔도

긔후 안녕하압시니잇가 예도 아바님두분 대단환후난 업사오시나 자연 근녁업셔 하압시니 답답하오이다 한아바님 [六]만생아기 츙실리 자란다 하압더니 요사이도 일양 츙실하오잇가 알외올말삼 감하압심 젓사와 이만

알외압나이다 이압 내내

긔톄후 만안하압심 바라압나이다 조의업사와 한마님젼에 살이못알외와 이리 [七]죄롭사오이다

[八]님자사월스므나흔날 척손녀 살이

---

一. 춘화일기春和日氣.

二. 초민焦悶.

三. 회춘回春, 병환이 나은 것.

四. 회갑回甲. 환갑.

五. 척손녀戚孫女.

六. 만생晩生아기. 늦게 낳은 아기.

七. 죄송합니다.

八. 철종삼년임자哲宗三年壬子.

어마님젼 샹살이

문안 알외압고 [一]상한의 긔후 안영하압신문 안 아압고져 바라오며 [二]젼편으로 거월의 브치압신하셔 밧자와 보압고 그때 톄후 대단히 못하압시든 아니하압신가 시브오니 축슈 못내알외와 하오나 그후 날포 되여사오니 다시 톄후 범졀이 엇더하압신디 모르오니 답답 송구하오며 [三]방경이 겨오시니 그사이 [四]은샤나 나리압신가 기드리압더니 지금 감감하오니다 과천셔는 두분톄후 엇더하압신디 종종문 안들도 모르오니 하졍의 차마 답답하오이다 거번 살이 알외와삽더니 감하압신가 모르와 하오며 슌분은 슌산하온일 깃브오나 다시 탈이나 업사온가 못닛치오며 [五]각댁의셔는 일양이오시니 깃브오나 쟈근댁 아자바님 젹긔로 평치 못하시니 답답하오며 알외옴

하감하압심 젓사와 이만 알외오며 내내 긔테 만안하압심 바라압나이다

[六]긔사구월십뉵일 자부 살이

---

一. 상한霜寒, 서리치위.

二. 다른인편.

三. 방경邦慶, 나라의 경사.

四. 은사恩赦. 죄인罪人을 특사特赦하는 것.

五. 각택各宅.

六. 순조구년기사純祖九年己巳. 익종탄생翼宗誕生.

近 朝 內 簡 選
民族文學叢書第2輯
1948年 12月 25日 發行

臨時定價 150圓

偏著者 李 秉 岐
發行者 河 敬 德
印刷所 서울 印 刷 社
(1947年 9月30日 登錄 第86號)

發行所 國 際 文 化 館
서울시 中區 忠武路 2街 3
電話本? ② 6141-6142
6143-6146
(1947年 12月 31日 登錄第 582號)

# 요로원야화기

## 要路院夜話記

전前 서울대학교문리과대학교수大學校理科大學教授

# 요로원야화기要路院夜話記 외外 11편十一篇

이병기李秉岐 선해選解

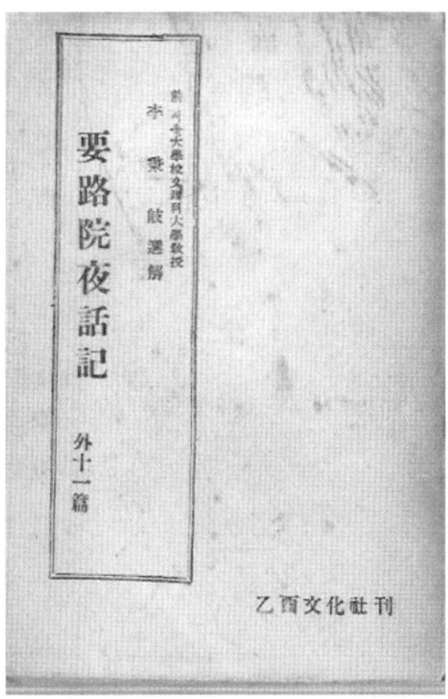


『요로원야화기 외 11편』(이병기 선해, 을유문화사, 1948) 표지 사진

을유문화사乙酉文化社 간刊

## 일러두기

1. 『요로원야화기要路院夜話記 외 11편』(이병기 선해, 을유문화사, 1948) 원문을 그대로 복원하기에 힘썼다.
2. 이 책의 원문은 '한글(한자)'로 표기되어 있으며 「서序」, 「해설解說」, 주석의 경우 한자어로 표기된 부분은 '한글(한자)'로 병기하였다.

# 서序

우리 고전古典에는 향가鄕歌 시조時調와 같은 시가문학詩歌文學이나 춘향전春香傳 열하일기熱河日記와 같은 산문문학散文文學만 가지고 떠들었을 뿐이오. 보다 더 양量으로나 질質로 고찰考察하지 못했다. 그 원시림原始林과 같은 풍부豊富한 속에서 겨우 한두 나무쯤 흔들어 보고는 그 수확收穫이 그리 크랴. 나는 고전古典에서도 근조 산문문학近朝 散文文學 가운데 단편短篇을 약간若干 뽑아 해설解說을 덧붙였다. 이는 우리 담화체談話體로서 표현表現한 한 정화精華이었다. 이로도 우리 근조近朝 산문문학散文文學의 일면一面을 엿볼 수 있다. 나는 이렇게 이 길을 알려 줄 뿐으로 더 나아가 기절奇絶한 그 경지境地를 찾는 건 이 길 가는 이의 성심誠心과 노력努力에 있다. 이것이 우리 고전연구古典硏究의 한 출발出發이 되기를 나는 바란다.

4281四二八一, 입춘立春 매화옥梅花屋 주인主人

# 목차

# 해설解說

요로원야화기要路院夜話記는 사본寫本으로 전하는 것이 두 가지가 있으니 한 가지는 우리 말글로 되었고 또 한 가지는 한문으로 되었다. 이 두 가지를 대준對準하여 보면 한문으로 된 것은 말글로 된 것보다 더 부연敷衍한 곳이 있고 말글로 된 것은 한문 그것과도 더러 다른 곳이 있다. 그러고 보면 그 어느 걸 꼭 번역한 것이라 할 수 없고 둘 다 그 원작으로 볼 수 있는바 분량으로는 한문 그것이 많고 요긴要緊하기는 말글이 낫다. 이것이 숙종 4년(1678)의 작作으로 추측推測되매 그리 오랜 것은 아니로되 그 어법語法, 세태世態, 경향趨向 등은 지금과는 딴판이다. 한 선비가 과거科擧를 보러 서울을 왔다 가다가 소사素沙를 지나, 요로원要路院에 이르자 날은 저문지라, 어느 주막에 드니 한 양반이 들어 초라한 그 행색行色을 보고 내 모든 것을 기롱譏弄으로 막고 그냥 그 집에 머물며 양반과 함께 밤이 가는 줄을 모르고 줄곳 기롱譏弄으로써 문답問答을 하였다. — 양반兩班 이야기, 경향풍속京鄕風俗, 육담풍월肉談風月, 작시경기作詩競技, 사색편론四色偏論, 학문수양學問修養 등등, 이걸 끝까지 대화체對話體로 하여 한 단편短篇을 지었다. 육담肉談은 쓰되 그 때 선비들이 쓰던 말투라 속俗되지 않고 고아古雅한 맛이 있다. 이런 점이 춘향전春香傳, 심청전沈淸傳의 말과도 다르다. 이에 고대古代를 알고 배울 것도 있다. 그중中 한시漢詩 같은 것도 본시 그렇게 풀어 놓은 것이고 어려운 전고典故도 쓰긴 하였으나 그 의사意思는 다 짐작할 수 있다. 또 풍유諷喩, 풍자諷刺로 골학자學者님을 타박한 것은 호질문虎叱文을 연상聯想ㅎ게 하는 일종一種 기문奇文도 된다. 과연 그때 양반兩班의 습기習氣가 어떻던가도 이걸로 볼지어다. 어느 사본寫本엔 이 글 지은 이를 박두세朴斗世라고 하였다. 박두세朴斗世는 울산박씨蔚山朴氏 훑繘의 자子로서 자字는 사앙士仰이요 효종원년孝宗元年 경인庚寅(1650년)에 생生하여 숙종 8년 임술증광壬戌增廣에 갑과급제甲科及第를 하였고 그 후 정동추正同樞를 지냈고 충청도忠淸道 대흥군大興郡 거주居住하였다. 그 경력經歷과 언행言行이 이글의 사연과 많이 부합符合됨을 보면 그가 이 작자作者임을 믿음즉하다.

# 요로원야화기要路院夜話記[1]

박두세朴斗世

[一]무오춘戊午春의 내 서울로부터 과거科擧보고 올제 행색行色이 피폐疲弊하여 병든말게 [二]긔복騎卜을겸하고 종이 잔멸殘滅하고 의복衣服이 람루襤褸하니 길의든대마다 보는재업수히 너기더라.

一. 숙종4년肅宗四年 1678一六七八.

二. 타고 짐 실은 것.

낮애 소사교素沙郊에 발행發行하여 저녁의 [一]요로원要路院에 갈새 오리五里를 못미처서 말이 절어 채를 [二]마이 몰아 초혼初昏의 [三]겨유 다다르니 행인行人이 발서 [四]숫막에 들엇는지라. 고단행장孤單行裝이 주인主人의게 호령할 세없는지라. 마음에 생각하되 냥반兩班든곳에 접족接足할가하여 한숫막에 들어가니 [五]봉당封堂우해 한양반이 반만 누엇다가 내오르는 양을 보고 종을 크게 불러갈오대 너희 어대 잇관듸 행인을 그치아니하느뇨——두종이 [六]작도斫刀ㅅ간으로서 대답고 나오니 내이믜 부담負擔에 뛰여

1 『文章』 2권 9호(1940. 11)에 실린 것과 같음.

나린지라. 그종이 한놈은 내말을 치고 한놈은 내등을 밀어내거늘 내 밀리여 오며 이르되 남의 행차行次를 앗으랴 하는것이 아니라 잠간 머믈어 다른곳을 정코저 하거늘 너희 냥반이 어찌 상액相厄함이 이러틋하뇨. 봉당의서 객이 듣고 웃으며 그만하여두라하거늘 내도로 봉당앞의 나아가니 객이 이믜 침구를 베프고 누엇더라. 내장차 공경하여 뵈는례를 베풀랴하니 객이 오히려 답지아니거늘 내마음에 헤오되 이반다시 경화京華거족巨族으로 의관衣冠이 선명鮮明하고 안마호사鞍馬豪奢하니 날로써 싀골사람이라 하여 답례를 아니하되 어린긔와 교만한뜻을 내 궤휼로 속이랴하고 나아가 공순이 절하되 객이 응치아니하고 늦읏이 물으되 그대 어듸잇느뇨. 내 이믜 저를 속이려하는지라 즉시 대답하되 충천도 홍쥐서면금곡리忠清道洪州西面金谷里의 잇사이다. 객이 내말이 너모 공순함을 七우이너겨 이르되 내 그대다려 八호적단자戶籍單子를 하라하더냐.—— 대강 호적단자의 고을 면일홈을 다쓰는고로 이른말이러라.—— 내 머리를 굽혀 이르되 행차行次의서 뭇자오시매 감히 아니자세치 못함이로소이다하고 인하여 청하여 갈오대 숫막이 뷘대없고 이믜 밤이 발서 깊엇는지라 덕분에 예서 밤을새게 하소서. 객이 희롱하여왈 처음은 가려노라하고 이제는 자고저하니 이는 두말이로다. 내대답하되 처음은 두라하시고 이제는 가라하시니 이는 한말이니잇가. 객이 웃어갈오대 또한 냥반일다. 냥반이 냥반으로 한데 잠이 어이 가치아니리오. 내, 짐즛 이르되 그러하오면 덕분이 가바얍지 아니하니이다 하고인하여 종다려 이르되 마소 들여매고 냥식쌀을 내라한대 객이 웃어갈오대 그대, 소도 가져왓느냐. 소는 어이 겸하여 이르오며 냥식을 쌀이라이른대 종이 쌀인줄, 소로 아느냐. 내, 대왈 향곡鄕曲사람은 말과 소를 겸하여 이르고 냥식을 쌀로 겸하여 이르나니 이런말을 향곡은 웃지아니하더니 행차行次홀로 웃으시니 행차도 九일정一定 경객京客이로소이다. 객왈 그대또한 아름다은 사람이로다. 인하여 물으되 그대, 어대를 어찌하여 갓다가 어대로서 오느뇨. 내, 짐즛 향곡말로 대답하되 죠고만 연고잇어 서울갓다가 오나니이다. 객이 또 문 무슨 연곤고. 내 답왈 족인族人이 죄침罪侵한일로 값주고 주선周旋하라 갓다가 오나이다. 객왈 서울 아는이 뉘잇으며 주선하는일은 어찌 하뇨. 답왈 서울 주인은 [一〇]뉵조六曺압의 김승金丞이니 김승은 병조兵曺 관원官員이라 출입出入의 비록 걸어다니나 관대官帶입고 사모紗帽 쓰고서 긔가가배얍지 아닌지라 이관원을 인영하여 일을 주선하다가 값이 부족하여 전에무명木綿 반동을 들이고 이제 십여필十餘匹이 잇어야 하리라하니 다시 조비造備하라 나려가나이다. 객이 우연탄왈喟然歎曰 그대, 남의게 속임을보도다. 이른바 김승은 서리書吏요 관원官員이 아니라. 관원이 어찌 것고다니리오. 쓴것이 사뫼紗帽 아니라 [一一]승두繩頭요. 입은것이 관대官帶 아니라 [一二]단령團領이니 그대 그놈의 휼중譎中의 빠져 값을 허비하니 불상타. 향만鄕民이 녜사 저러틋 하도다하고 더욱 업수이 너기거늘 내 짐즛 일으되 그러면 서리와 관원이 다르니잇가. 심하다 그대, [一三]향암鄕闇이여. 그대, 금곡리의서 조관朝官 성부城府를 보지못하엿도다. 그대 잇는대서 고을이 언마나하뇨. 내답왈 아지못하되 들으니 [一四]새배 가면 낫애온다 하더이다. 객왈客曰 백성百姓이 한가지로 경앙景仰하고 추존推尊하는 사람은 뉘잇느냐. 내대답왈 [一五]서원書員과 [一六]아전衙前이니이다. 또 이예서 더한이 잇느냐. 답왈 [一七]목사牧使는 녕감令監이니 녕감은 일읍一邑의 왕王이니 어찌 감히 아전 향소鄕所와 가치 의논하리오. 객왈 고을녕감은 서울관원이오 고을 아전은 서울서리書吏니 서리는 진실로 냥반이 아니라. 또 그대, 냥반이란 말을 아도다. 내답왈 아지못하나이다. 객왈 벼슬이 동서東西班이 잇으나 이벼슬에 참녜하는이야 냥반이오 김승같은이는 냥반이 아니라. 내, 짐즛 이르되 나는 향곡인鄕曲人이라 관원, 서리를 분변치못하고 단령, 승두를 몰라 관대, 사모라하여 그릇 사괴왓다하고 인하여 통분통분通忿痛忿하여 재삼개탄再三改嘆한대 객왈 어찌 탄嘆하느뇨. 값을 허비한줄 탄하느냐. 내대답왈 값이 어찌 관게하리오마는 다만 김승은 서리오 나는 냥반이여늘 김승이 전일前日 [一八]호자呼字하던일을 생각하매 어찌 분치 아니리오. 행차를 못맞낫던들 길이 대욕大辱을 받을랏다. 행차의 덕이 적지아니토다. 객이 웃고 우문왈又問日 그대, 향곡의 어떤 냥반이오. 내답왈 상등냥반上等兩班이로소이다. 객왈 상등냥반이면 어찌 족인族人이 군역軍役의 침노하이냐뇨. 내답왈 [一九]상감上監도 본쓴 권당眷黨이 잇다하니 어찌족히 고이하리오. 객이 웃고왈 그대 말이 옳다하고 또문왈 그대, 향중의 다른 냥반이 뉘있나뇨. 내답왈 북린北隣의 [二〇]예좌수倪座首와 동린東隣의 모별감牟別監이 잇나이다. 이또 상등냥반가. 내답왈 이냥반도 우리냥반과 같으되 위세威勢와 권력權力은 가히 바랄배 아니라. 예좌쉬 미천微賤하엿일제 그안댁이 나물밭 매고 그아들이 소먹이고 여름이면 삸을 메고 물가의가, 냥반을 자랑하여 물을 지르고 겨을이면 뵈를 끼고 장시場市에 가, 상한常漢으로 더불어 술을 마시고 권농勸農이와 뵈면 고개조아 말하며 서원이와 절하면 갓을 숙이고 마을의 잇을적 심상한사람이러니 일조一朝의 별감이 되어 미구未久의 좌수의 오르니 나가면 향역鄕役에 앉고 관리 뜰앞의 절하여 뵈고 들어는 녕감을 대하여 [二一]통인通印이 섬앞의 뫼셧이니 전일 쌀악이죽을 먹다가 오날 옥밥을 먹으며 전일걸어다니다가 이제 살진말을 타며 녀기女妓 뫼셔자고 재뒤 문을 지키고 깃브면 [二二]환상還上을 더주고 노하면 매맞고 손이 오면 술을 부으며 입이 말으면 차를 올리고 전일 가치 사괴던벗과 눈흘겨보던 상인常人이 앞의 업드여 [二三]젓사와하며 위풍威風이 일경一境에 진동하고 선물들이는것이 이음달앗이니 이아니 대장부大丈夫 사업事業이니잇가. 한적 예좌수 환상還上 분급分給하라 사창社倉에 가실적 二四내환자還子를 얻고저하여 가보니 날을 삼배주三盃酒를 먹이니 긔특할사 예좌수야하고 칭찬한대 객이 우어갈오대 이야 상등냥반이랏다 하더라.括

---

一. 아산牙山 등지等地에 있던 역원驛院.

二. 매우, 몹시.

三. 겨우.

四. 술막, 주막酒幕, 탄막炭幕.

五. 내방內房과 월방越房 사이에 있는 토방土房.

六. 마소를 먹이는 짚이나 풀을 써는 칼을 두는 곳.

七. 우습게.

八. 호적戶籍을 쓰던 종이.

九. 분명分明, 꼭.

一〇. 옛 경복궁景福宮 남南 광화문光化門 앞에 있던 이조吏曺, 병조兵曺, 호조戶曺, 예조禮曺, 형조刑曺, 공조工曺의 공청公廳.

一一. 옛 서리書吏들이 쓰던 관冠, 이를 또 파리머리라고도 함.

一二. 동정을 둥글게 한 공복公服.

一三. 시골뜨기.

一四. 새벽.

一五. 아전衙前의 일직一職.

一六. 지방관청 地方官廳의 하리下吏.

一七. 지방관원地方官員의 일一.

一八. 자字를 부르는 건 좀 흔한 일.

一九. 임금님.

二〇. 예倪가 성姓 가진 좌수座首. 좌수座首는 향소鄕所의 한 임원任員.

二一. 원님 밑에 부리는 아이.

二二. 사창社倉의 곡식을 봄에 꿔먹고 가을에 갚는 것.

二三. 두려워 함.

二四. 환상還上과 같은 말.

이윽고 一진지를 고하거늘 내짐즛 솔가지 불혀고 올리라한대 상등냥반이면 촉燭을 아니가져왓느냐. 내대답하되 진실로 가져왓이되 어제 다진하엿노라. 객왈 솔불이 내와괴로온지라 내행중의 촉을내여 혀라한대 二납촉을 밝히니 빛이 황홀하더라.

---

一. 진지進支, 밥의 존칭尊稱.

二. 납촉蠟燭, 밀로 만든 초.

내, 길난지 오란지라 자최 가매假賣하고 행찬行饌을 내여놓으니 마른장과 청어靑魚 반꼬리라. 저를들어 장찻 먹으려 두로 보며 붓그려하는체한대 객이 보고 잠소왈潛笑曰 상등냥반의 반찬이좋지아니하도다. 내갈오대 一향곡냥반鄕曲兩班이 비룩 상등냥반이나 어찌 감히 성중城中 사태부士太夫를 비기리오. 객이 내말을 올히 너기더라. 밥먹기를 반은하여서 내짐즛종을 불러갈오대 물가져오라한대 객왈 그대를 상등냥반의 밥먹기를 가르치리라. 종이 진실로 고하거든 올리라말고 들이라하고 숙냉을 먹으려하거든 가져오라 말고 진지進支하라 하나니라. 내대답하되 행차의 말슴이 지당하시니 일로부터 배홧나이다. 객이 갈오대 그대 나히 몇이며 장가를 들엇는다. 내 대하되 나흔 스물아홉설이오 장가못들엇노이다. 객왈 그대, 상등냥반이면 지금 장가를 못들엇느뇨. 내탄하여 갈오대 상등냥반인들 장가들기가 어려워, 제구하는데는 내즐기지 아니하고 내구하는데는 제즐겨아니니 좋은바람이 부지아니하여 지금 날과같은이를 맞나지 못하엿나이다. 객왈 그대 몸이 단단하여 자라지 못한듯하고 택이 판판하여 수염이 없으니 장내 장가들때 없으리오. 내답왈 행차는 웃지마르소서. 옛날에 일럿이되 불효不孝중 무휘無後크다하니 삼십三十에 [二]입장入丈을 못하엿이니 어찌 민망치아니하리잇가. 객왈 예좌수, 모별감집의 구혼을 못하느뇨. 내대답왈 이이른바 내구흔한테 제즐겨아니하는데니이다. 객왈 그대얼골이 단정하고 말슴이 민첩하니 헛도이 늙지아니리니 예가모가들이 허혼許婚을 아니리오. 내, 그대를 위하여 다른데 아름다온 배필配匹을 구하리라. 내거즛 고지듯는체하고 깃거하는 사색으로 대왈 그지없어이다. 아니 행차문중行次門中의 아기시 두어겨시잇가. 객이 부답하고 혼자 말하여왈 어린것이 할 일없다. 희롱을 하다가 욕을 보도다하고 이에 갈오대 내문중의는 아기시 없으니 다른데 구하여 지휘指揮하리라. 내, 짐즛 감사하여왈 덕분이 가이없어이다. 객이 이르되 그대 비록 가관加冠을 하엿어도 입장入丈을 못하엿이면 이는 노도령老道令이라하고 이후는 노도령이라도 하고 그대라도 하더라.

---

一. 시골 양반.

二. 장가 드는 것.

객이 말을 끗친때면 잇다감 혼자 글을 읊으되 애강남哀江南 익쥐부자묘비益州夫子廟碑와 고부古賦, 고시古時어늘 내모르는체하고 물으되 행차의 독讀하시는글이 무슨 글이니잇가. 답왈 이는 풍월風月이니라. 우왈又日 그대 형상을 보니반드시 활을 쏘지못할것이니 능히 글을 하느냐. 내답왈 문자文字는 배호지못하고 글은 잠간 배홧이되 다만 열다섯줄중의 둘재줄

같은줄이 외오기 어렵더이다. 객왈 이는 언문諺文이라 진서眞書의 이같은 글줄이 잇으리오. 내답왈 우리 향곡의는 언문을 하는이도 적으니 진서를 어이 바라리오. 진실로 진서를하면 거룩기를 어이측량하리오. 우리향곡의는 한사람이 천자千字를 읽어 서원書員이 되여 치부致富로 유명하고 또 한사람은 사략史略을 읽어 교생校生이 되어 과거科擧의 출입하나니 공사소지公事所志 쓰기를 나는드시하기 선물이 구름뭇듯하며 가계家計 기특하니 이런 장한일은 사람마다 못하려니와 우리 금곡중金谷中의도 김호주金戶主는 언문을 잘하여 ᄀ결복結卜을 마련하며 고담古談을 박람博覽하기로 호수를 하연지 십여년에 가계부요家計富饒하고 성명聲名이 혁혁赫赫하니 사나희 되어 비록 진서를 못하나 언문이나 잘하면 족히 일촌중 횡행橫行할러이다. 객이왈 그대, 그러면 호수를하고저 하느냐. 내답왈 호수도 상인常人의 소임所任이니 결복마련의 쓰고저하나이다. 객이 차탄왈嗟嘆曰 사람이 어이 경향이 다르리오마는 서울사람은 진서를 못할이 없고 싀골사람은 언문도 못하는도다 글을 못하면 어이 사람이라하리오. 내답하되 나도 글을 못해도 남이 사람이라하니 어찌 반다시 글을한후야 사람이라하리오. 객왈 사람인들 한두가지 아니라 옛사람이 공부자孔夫子라하신이 잇나니 그대 들엇는다. 내대하되 듣지못하엿나이다. 또 문왈 고을향교의 제사를 뉘게 하느뇨. 대답하되 공자孔子긔 하나이다. 객이 웃고 이르되 공부자를 공자를 이름이라. 내답왈 향인이 무식한지라 다만공재 잇고 공부자라 말슴을 듣지못하엿나이다. 객이 대소大笑하고 이르되 네, 도척盜跖이란 사람을 들엇는다. 대답하되 들엇나이다. 객이 도척과 공자와 뉘어지뇨. 답왈 공자는 성인聖人이오 도척은 사오나오니이다. 객이 갈오대 진실로올토다. 청천백일靑天白日은 종놈도 그밝은줄을 알고 황혼黃昏은 금수도 어두온줄 아나니 공자와도척은 천지불모天地不侔하니 어찌 모르리오. 슬프다 글하는 사람은 성인이오 글못하는이는 금수의 뒤라 하여늘, 내답하되 행차는 글을 하시니 진실로 성인이시오. 나는 언문을하니 금수는 면하리로소이다. 객이 웃고 이르되 도척盜跖이라 타언문이야 못하랴하고 혼자 말하여 갈오대 그러나 말갚다하여늘 내그말을 물라듣는체하고 거즛 갈오대 행차의서 독하시는 풍월이무슨 말이니잇가. 객왈 그대, 풍월을 배호고저하느냐. 풍월이란것이 다섯자와 일곱자를 모화하나니 그대 날과 풍월을 화답함이 어떠하뇨. 내, 크게 웃고 갈오대 진서를 못하거든 어찌 풍월을 하리오. 객이 갈오대 비록 진서를 못하여도 눅담肉談으로 하야도 풍월이니라. 내, 이르되 비록 눅담을하나 다섯자 일곱자를 모화하리오. 객이 갈오대 어벽語癖이 가장 좋으니 눅담풍월肉談風月을 잘할것이니 시험코저하노라. 내고사하여왈 풍월이 내할일이 아니라 행차의서 혼자하소서. 객왈 내 몬저 지어믄 그대 배워 지으라하고 한귀를 읊어왈

我觀鄕之賭
怪底形體條

내싀골나기를 보니
형상가지기를 괴저히하는도다

내, 그사김을 듣고 거즛 노하여갈오대 행차 나를 긔롱함이로다. 객왈 싀골 사람이 그대뿐 아니라 싀골사람이 이러한이를 만히 보앗이매 이른 말이오 그대를 긔롱함이 아니라. 그대같은이는 가장 쉽지 아니하니라. 내, 깃거한대 객이 또한 귀를 이르되

不知諺文辛
何怪眞書沼

언문쓸줄을 아지못하니
어찌 진서못함이 고이하리오

인하여 날을 화和하라 시기거늘 내두어번 사양한대 거즛 노하다가 고쳐 웃고 이르되 내이믜 몬저 지엇거든 그대 종시 화답和答지 아님이 날을 업수이 너김이라 어찌 그대를 몰아내지 못하리오. 내답왈 내치면 내치려니와 어찌사람 저히기를 어린아희같이 하느뇨. 내비록 싀골사람이오 글자를 못하나 저러틋 저히는 말을조곰도 두려아닛노라. 객이 웃고갈오대 그대는가히 당돌타 이르리로다. 내희롱함이라하고 한귀 화답함을 청하거늘 내 즉시 한귀를 읊어왈

我觀京之表
果然擧動戎

내서울것을보니
과연거동이 되도다

객이 듣고 놀라 일어앉아 내손을 잡고 날을 익히 보며 이르되 불상타 그사이 사람을 어찌 이러틋 속이느뇨. 존尊의 휼중譎中에 빠져 이러틋 붓그러옴을 볼다 평생의 어린긔 잇어 길헤나 이러틋 한적이 많으되 아모적도 가매假賣한적이 없다니 이제 존尊을 맞나 이러틋 붓그러옴을 보니 내탓이려니와 어찌 존이 날욕함을 이러틋 심하느뇨. 내 웃고왈 서울사람

이 존뿐아니라 이런 사람을 만히 본고로 이른말이오 존을이른말이 아니라. 존같은이는 진실로 쉽지 아닌이라. 객이왈 이말이 내처음 하던말이라 어찌 이말대답기를 속히하느뇨. 내이르되 옛말의 네게서 난말이 네게로 돌아진다하니 이말을 듣지못하엿는다. 내, 매양 행차라 일컷다가 홀연 그대라 이르니 객이 잠소왈 행차는 어대가고 그대라 이르느뇨. 내, 대하되 노도령老道令은 어대가고 그대라 이르느뇨. 객왈 노도령이란 말듣기 좋아하느냐. 내, 대왈 노도령을 위하야 혼인지휘를 속이지 말라. 내본대 존의문중의 아기시긔 장가 들리라. 객이대소왈大笑曰내문중의 아기시 잇인들 예좌수, 모별감도 아닛는 혼인을 어찌하리오 인하여 날을보며 웃고 왈 존의 궤휼詭譎이 불측하도다 내, 처음 마소들이라 말의잠간 업수이 너기고 두번재 김승金丞과 호자하던말의 더욱 경히 너기고 마츰내 문자 모르노라 말의 전혀 만모하엿더니 군君이 글을 잘하며 못하노라하여 날을 속임은 속엿거니와 간사하기를 면치못하리로다. 내, 이르되 병법兵法을 보지못하엿는다. 병법에 일렀이되 모진 새 장찻 차려하매 그발톱은 감초고 모진범이 장찻 뛰려하매 그몸을 주리혀나니 처음의 그대긔 절할 때 너믜 남을 업수이 너김을 알지라 내장찻 그어린 긔운과 교만한듯을 속이랴하는고로 내마지못하야 톱을 감초고 몸을 주리혐이니 어찌 간사하리오. 녜, 양홰陽貨 술術로써 하거늘 공재孔子 술로써 대답하시고 양혜왕梁惠王이 정성을 아니커늘 맹재孟子 병을 탁托하시니 공자, 맹자도 또한 간사하랴. 객이 갈오대 그대 말함이 이러틋 한줄 아지못하도다 인하여 글귀마자 지음을 청하거늘 내, 금시 한귀를 이르되

大抵人物貨
不過衣冠夢

대저 인물을 꾸엿이니
불과 옷과 관을 꾸몃도다

객이 갈오대 그대긔 속음이 심한지라 어찌 붓그럽지 아니리오. 인하여 둘이지은 글을 자자字字이 읽어보고 이르되 그대 글이 자자이 내글의서 나오니 항복降服하거니와 첫재 운자韻字는 낮고 둘재 운자는 높으뇨. 내답왈 그대 글과같이 하노라 둘재운을 부러 높엿노니 그대 둘재 운이 또한 높지아니하냐. 객이 깨닷고 놀라왈 과연 옳은지라 그대 재조는 당키 어려온지라 절절이 속으니 붓그럽기 비할데 없도다. 밤인탓으로 그대를 몰라 보앗거니와 낮같으면 어찌 몰라보리오. 인하여 성명姓名을 뭇거늘 내사양왈 향객鄕客이 어찌 몬저 이르리오 경객京客이 몬저 이르라한대 객이 이르지아니코 다만 회현방會賢坊골 잇노라 이르니 대개 속은줄 붓그려 성명을 전파傳播할가 아처함이러라. 객왈 그대, 궤휼이 진실로 어려온지라 비록 지재至才라도 아니속기 어렵도다. 대답왈 지재는 아이예 그대 형상을 아니하리니 내, 비록 향객이나 흑이나 흑립黑笠 쓰고 포布를 입엇거늘 처음의 답배答拜를 아니하니 냥반이 어찌 그러하리오. 객왈 그런말 다시 하지말라. 웃읍고 붓그럽다. 인하여 술과 안주를 들이니 술병은 유합鍮榼이오 잔은 앵무鸚鵡러라. 다시 서로 삼배三盃식 마시고 안주 씹으며 누엇더니 객왈 그대 재조를 알앗는지라 진서풍월로 화답함이 가한저하고 인하여 읊어왈

蜀州不識韓爲韋
魏使安知范是張

自古名賢多見欺

莫咍今日受君罔

촉쥐 한가의 위가 됨을 아지못하니

三위새 어찌 범개이 장갠줄 알리오

녜부터 어진 사람도 속은이 많으니

오늘날 그대게 속음을 보나 웃지말라

내, 즉시 화답하여 갈오대

由來我隸全齊王

畢竟傭耕大楚張

休將富貴輕寒士

未有驕人不見罔

말매암아옴을 주리던 상인이 전제에 님군이되고

나종의 받갈던 상인이 대초의 장수 되엿나니

부귀를 가지고 한사를 경히 너기지 말라

사람이 교만하다가 속임을 보지아닐이 없나니라.

객이왈 선타. 청컨대 년귀聯句하여 재조를 겨루리라. 내허락하고 몬저 읇어왈

逆旅相逢逆旅別
故人心事故人知

역려의 서로맛나 역려의 서로 니별하니
고인심사를 고인이 알리라

객이 읊어 왈

他時倘憶今宵否
明月分明照在玆

다른때 반다시 오날밤을 생각할다 아닐다
밝은 달이 분명이 비최여 이에 잇도다

객이 청왈 청컨대 사운四韻을 지으라. 몬저 읊어갈오대

宿鳥初飛故院邊
偶然傾盖卽佳緣

穿柳黃鶯春暮後
盈樽錄蟻月明前

南州遺逸珍藏璞
東洛疎慵管見天

篇章留作他時面

不及相逢姓名傳

잘새 처음으로 고원가의 날제
우연이 잠간 맞나니 곳 아름다온 인연일다

버들의 다니는 누른 굇고리는 봄이 저믄 후요
준의 가득한 [四]녹의는 달밝은 앞이로다

남주의 숨은 선배는 보배를 속에 품엇이니
동락 용렬한 손은 견대굼그로 하늘을 보는도다

글지은것을 머믈어 다른때 면목을 삼으니
어찌 반다시 성명을 전하리오

내 화답하여 갈오대

淸風明月興無邊
此地相逢實有緣

千金然諾托交後
靑竹功名未老前

哀樂君能都付酒
窮通我自聽於天

也使兒童識司馬

何嫌今日姓名傳

밝은달 맑은바람의 흥이 가이없다
이따해 서로 맞남이 실로 인연이로다

천금연락은 서로 사귄 후여늘
[五]청죽공명은 늙지아닌 전이로다

슬픔과 즐거움은 그대 능히 술에 부쳣거늘
궁함과 통함은 내스스로 하늘긔 듯자왓노라

어린 아희로 [六]사마를 알게 알지니
어찌 오늘날 성명 전함을 혐의하리오

내, 또 이르되 청컨대 눅언六言을 지어 화하리라 하고 읇어왈

秦京綠水君住
湖海青山我家

大醉狂歌浩浩
茫茫宇宙幾何

서울길 푸른 남근 그대잇는데오
호해 푸른 뫼흔 내집이로다

크게 취하여 노래부르기를 호호히 하니

망망한 우주 이 엇마인고

객이 이어왈

良宵皓月千里
美景桃花萬家

木尊酒論文未已
明朝別意如何

좋은밤 밝은달은 천리오
아름다온 복성화는 일만집이로다

준술의 논문함을 마지아니하니
밝은 아츰의 니별하는 뜻이 어떠하뇨

내, 우왈 청컨대 삼오칠언三五七言으로 할진정 인하여 읊어왈

手停巵
口詠詩

花送風前雪
柳搖兩後絲

要路院逢要路客
洛陽人去洛陽時

손의 잔을 머므르고
입의 시를 읇는도다

꽃은 바람앏의 눈을 보내거늘
버들은 비후의 실을 흔드는도다

요로원의서 요로의 객을 맞나니
낙양사람이 낙양으로 가는도다

객이 화답한여 갈오대

停君巵
聽我詩

今日顏如玉
明朝鬢滿絲

倏忽光陰眞過客
冶遊須及少年時

그대는 잔을 머므르고
내시를 들으라

오늘날 얼굴이 옥같고
명조의 귀밑의 실이 가득하리라

홀홀한 광음이 과객 같으니
노름을 모르미 소년때를 미처하라

一. 전답田畓의 세전稅錢을 매는 것.

二. 간사한 꾀에.

三. 위사魏使는 중국고대中國古代 위魏나라의 사신使臣 수가須賈요, 범范개는 범수范睢인데 범수范睢가 일찌기 수가須賈를 따라 제齊나라에 가서 제왕齊王께 말을 잘하고 상賞을 타온 바 수가須賈가 돌아 와 위상魏相께 무고誣告하여 범수范睢가 중형重刑을 당하고 거의 죽었다가 몰래 도망逃亡하여 진秦으로 들어가 장록張祿이라 일컫고 진왕秦王을 도와 정승政丞이 되었다. 그러자 수가須賈가 또 사신使臣이 되어 진秦에 오매 범수范睢가 해진 옷입고 그 관사館舍에 찾으매 수가須賈 보고 놀래며 새 옷을 주고 친절親切히 대접하였다. 그리하여 진상秦相 장록張祿이 범수范睢인줄 몰랐다.

四. 술에 뜨는 밥풀. 즉 술을 이름.

五. 청사靑史. 옛날 종이가 생기기 전에는 죽간竹簡에 사기史記를 적었다.

六. 사마온공司馬溫公. 그의 자字는 군실君實인데 송宋의 명상名相으로 어떻게 유명有名하던지 아동兒童이 다 군실君實을 외었다.

내, 이르되 그대재조는 진실로 긔특한지라 날같은 一용재庸才로 감히 바라지못하리로다. 객왈 과도히 겸사치 말라. 내아힛제부터 글재죄 민첩하기로 자허自許하여 비록 녯사람이라도 항복하는뜻이 적더니 이제 그대재조를 보니 항복하노라. 객이 온가지로 나를 이긔랴하다가 마츰내 능치못하여 공교로온 글귀를 지어 거루자하거늘 허락한대 객이 몬저 읇으니

前胡昏謬墮君謀
遠志誠非淺見夫

전의 어찌 어두어 그릇 군의 꾀에 빠지뇨
먼뜻이 엿개보는 사람의 알것이 아니라

내 대답하여갈오대

大用終來須益智
且當歸去讀陰符

크게쓰이매 모르미 슬겁기를 더하니
또한 맛당이 돌아가 [二]음부편을 읽으라

객이 갈오대 선타. 밎기 어려온 재조로다. 내또한 갈오대 아름답다. 비록 그러나 이또 심상한지라 청컨대 년귀聯句를 지으되 우흐로 첫자의 나모 목자를 쓰고 아래자의 흙토자를 쓰고 둘재귀첫자의 물수자를 쓰고 아래 자의 불화자를 쓰고 상하 년귀사이에 쇠금자를 들여 [三]오행五行시로 화답 함이 어떠하뇨. 객이 웃고 이르되 쉽지아니하다. 그러나 그대 만일 지어 내면 내어찌 사양하리오. 내즉시 한짝을 지어왈

萍蹤何處至

평초같은 자최 어느곳의서 이르럿느뇨

花月滿虛堂

꽃달이 뷘당의 가득하엿도다.

流影金樽照

흐르는 그림재 [四]금준에 비최엿도다.

객이나어 읇거늘 내괴로이 읇주어리다가 얻과라한대 객이 갈오대 여러번 대답이 어려오니 아모리나 이르라하거늘 내대하되

瀅然飮白光

멀거하여 흰것을 마시는도다

객이 혀를 두르고 웃고 크게 탄嘆하여 갈오대 진실로 그대 재조같은이 쉽지아니토다.

---

一. 용렬한 것.

二. 음경부陰符經. 병가서兵家書의 이름.

三. 오행五行은 금목수화토金木水火土.

四. 술동이. 위의 칠언절구七言絶句에 전고前故, 원지遠志, 익지益智, 당귀當歸 등등의 약명藥名을 써 지은 것.

인하여 글짓기를 긋치고 촉을 나초고 서로 회포懷抱를 이를새, 객왈 그대재조로 지금 초라함이 어찌 고이치 아니리오, 과거科擧를 몇번이나 보앗느뇨. 내대왈 [一]거자擧子의 [二]과업課業함이 심히 괴로온지라 일즉 한번 동당東堂의 장원壯元하고 두번 감시監試의 상원하고 세번 [三]증광增廣의 초시初試하되 [四]회시會試를 년하여지니 이러므로 [五]향시鄕試는 쉽고 [六]경시京試

는 어려온가 하노라. 객이 탄식하여 왈 그러치아닌지라, 그대같은 재조를 오히려 건굴愆屈하니 어찌 고이치아니리오 슬프다. 즉금 과거의 사정私情이 심하여 공번되지 아니하니 [七]벌열閥閱 자제子弟는 과거를하고 향곡선배는 다 굴屈하니 그러치 아니면 그대 재조로 어찌 초라하리오. [八]대과大科는 힘으로 못할것이여니와 [九]소과小科를 어찌 지금 못하리오. 내답왈 소과는 겨유 하엿노라. 객왈 반드시 정사방丁巳榜의 하엿을다. 이적의 싀골사람이 만히 하엿나니 갑인甲寅으로부터 과거의 사정이 잇어 세가자제世家子弟는 글자를 못하여도 나히 엿다섯, 곳차면 다하매 씨할 [一〇]유학幼學도 없더니 정사년丁巳年은 세가자제 감시본이 적으매 싀골유생儒生이 만히 하니라. 내 이르되 과연 정사방의 하엿거니와 그대는 어느방의 하엿느뇨. 객왈 즉위증광卽位增廣의 하엿노라. 내 웃고왈 그대 정사년전 시비를 대언大言하니 진실로 한가지로 목욕하며 옷벗은 자를 긔롱譏弄함이로다. 객왈 그러나 어이 하나둘이야 공도公道로 참녜한이 없으랴.

---

一. 과거科擧 보는 선비.

二. 생원生員, 進士진사의 과거科擧.

三. 나라에 경사慶事가 있을 때 보는 과거科擧.

四. 초시初試에 합격合格한 이를 다시 보는 과거科擧. 복시覆試.

五. 시골서 보는 과거科擧.

六. 서울서 보는 과거科擧

七. 대대代代로 벼슬을 잘한 집.

八. 문관文官을 시취試取하는 과거科擧, 즉 문과文科의 전시殿試에 합격合格하는 것, 이를 또 문과급제文科及第라고도 함.

九. 진사進士, 생원生員을 시취試取하는 과거科擧.

一〇. 벼슬하기 전 유생儒生을 이름.

또 문왈 그대 아들이 없느냐. 내대왈 비록 두엇이나 어렷고 형의아들이 겨유 늑칠세니라. 객왈 혬과 [一]방소方所를 가르쳣느냐. 내답하되 혬을 가르쳣이나 방소는 가르치고저 아닛노라. 객왈 어찌 이름고. 내답왈 즉금 세상의 동서남북東西南北알기를 심히하니 아희를 가르치지아녀도 세상을 좇아 배흘가 젛어하노라. 객이 소왈네 당문종唐文宗이 [二]편논偏論 성한줄 아쳐하여 [三]하북적河北賊의 비比도 하여 일럿나니 만인 사람마다 자식가르치기를 그대같이하면 편논이 어이 잇으리오 또 이르되 붕당朋黨의폐를 어이 이르리오. 내, [四]우가牛哥 니가李哥의 [五]한퇴지韓退之 홀로 드지아니하고 [六]낙촉붕당洛蜀朋黨의 성하엿일제 정이천程伊川이 대현大賢이로대 지목指目함을 면치못하엿이니 퇴지의 도덕학문道德學問이 정이천긔 비치 못할 것이로되 퇴지는 붕당에 드지아니하고 정이천은 시비를 면치못한고로 내, 고이히 너기나니 그러나 이는 정이천의 문인의 한일이라 붕당의홰 심치아니리오. 우문왈又問曰 즉금 조정의 [七]청논탁논淸論濁論이 어이 될고. 내답왈 나는 싀골잇는지라 어찌 당세일을 알리오. 다만 천견淺見으로 이를진댄 탁논이 권세에 추부趨附한뤼오 청논은 명절名節을 돌아보는 뤼니 청류淸類는 물러가기쉽고 탁류濁流는 물러가기 어렵거니와 수이 물러가는 류는 소범所犯이 깊지아니하고 물러가기 어려온 류는 반드시 심한후 말것이니 일로 말매암아 보건대탁류의해는 이긔여 이르지 못하리라. 이세, 진실로 그러하니라하고 또갈오대 그대 싀골서 가세家勢 빈한貧寒하냐. 어찌 의복이 피폐하고 안마 피곤하뇨. 내답왈 그러하다. [八]자운子雲의 가난을 좇아도 다시 오고 퇴지退之의 [九]궁窮이 몰아 바려도 다시 오는지라. 객이 웃고왈 그대는 반드시 인의를 조히 너기고 길이 빈천할로다. 사나히 되여 세상의 나서 가히 세가지 행하염즉한 일이 잇으니 글읽어 궁리하여 세상명유名儒됨이 제일이오 과거하여 벼슬하여 효양부모孝養父母함이 둘재오 그러치못할진대 찰하리 집을다스려 농업農業을 힘써하며 의복 음식을 조히하며 우흐로 부모를 효양하고 아래로 처자를 보휵함이 또한 맛당치아니하랴. 마음을 과업에 전일하고 생게를 바림이 냥책良策이 아니로다. 一〇허로재許魯齋 말을두어 갈오대 학學을 하려할진대 「맛당이 생리生利를 다스릴지라. 생리가 부족하면 학문의 방해롭다」하니 어찌 옳지 아니리오. 내대왈 그대말이 통하다. 그뜻을 생각건대 一一태사공太史公의 부富와 리利를 긔롱譏弄하던데 면치못하리로다. 녜, 一二근재지靳裁之도 말을 두어 이르되 도덕에 뜻을두면 공명이 족히 그마음을 더러이지못하고 부귀에 뜻을둔즉 또 아니할일이 없다 하니 사람이 맛당이 이런말로써 법을 삼나니 이른바 글을 읽어 리理를 궁구함이 세상사람의 리학理學이 아닌가. 왈 연타. 내 갈오대 리학은 반드시 팔장 꽂고 꿀어앉기로 일삼나니 그뜻이 어이함고. 이러치 아니면 학문못하는것가. 리학이 공자孔子같은 이 없으되 공자의 팔장 꽂고 꿀어앉으심을 듣지 못게라. 객왈 리학하는데 마음잡는것이 제일 공뷔니 잡으면 들고 놓으면 나가니 진실로 마음 잡지못하여 방일放逸하기에 이르면 금수禽獸됨이 머지아니하리라. 이런고로 학재學者 반드시 팔장꽂고 꿀어앉아 그마음 온전함을 구하니 마음이 정한후의야 덕이 잇으니 그대말이 그르다. 녜 원양原讓이 걸어앉앗거늘 공재孔子 막대로 一三치시니 공자의 팔장꽂고 무릎녀믜시던줄 이에 가히 알것이라 하여늘 내웃고왈 녜, 정선생程先生이 매양사람이 정좌靜坐함을 보시고 그학學을 잘한다하시니 내, 잠간 녯글을 읽엇는지라 어찌 학자의 무릎녀믜시던줄이 귀한줄 모르리오마는 녜부터 거즛 외모外貌를꾸며 허명虛名을 도적하는재 많은지라. 강초의 호탕과 종남의 방탕함이 마츰내 가소可笑를 면치못하나니라. 객왈 그대말이 대개 격분激忿함에 잇도다 하더라.

一. 방위方位.

二. 편당偏黨의 론論.

三. 중국당中國唐의 문종文宗이 그때 하북河北의 도적盜賊은 물리치기 쉬워도 조정朝廷의 붕당朋黨은 물리치기 어렵다 하였다.

四. 송당宋唐 문종文宗 때 정승政丞인 우승유牛僧儒의 당黨과 이덕유李德裕의 당黨.

五. 당목종唐穆宗 때 큰 선비 한유韓愈, 자字가 퇴지退之.

六. 송宋의 정이천程伊川과 소동파蘇東坡의 당黨, 정치천程伊川은 낙인洛人이고 소동파蘇東坡는 촉인蜀人.

七. 청남淸南, 탁남濁南.

八. 한인漢人 양웅楊雄의 자字가 자운子雲인데 그가 축빈逐貧을 지었다.

九. 한유韓愈는 송궁문送窮文을 지었다.

一〇. 원인元人 허형許衡의 호號가 노재魯齊인데 그는 큰 유학자儒學者.

一一. 한인漢人 큰 사학가史學家 사마천司馬遷.

一二. 송인宋人 유학자儒學者.

一三. 정명도程明道 송인宋人, 큰 유학자儒學者.

이윽고 객의말을 놓여 요란하거늘 객이 급히 성을 내여 종을 꾸짖으되 어찌 말을 놓아 이케하느뇨. 중치重治하리라하여늘 내이르되 말이 가래여 싸오기 예사여든 어찌 노하기를 급히 하느뇨. 객이 이윽게야 이르되 이진실로 나의병통이라 고치고저하나 능히 못하노라. 내답왈 고치기 어렵지아니니라. 내소시의 성이 급하여 고치고저하나 졸연 못하더니 일조의 홀연 깨달으니 어렵지 아닌지라. 마음이 노호은때에 참을 인자를 생각하면 노흡던마음이 자연 없는고로 일로말매암아 아홉가지 생각는 글자를 써 ᅳ상해 눈에보고 외오노라. 객왈 아홉가지 글자는 어찌뇨. 답왈 사곡邪曲한 마음이 나랴거든 문득 바를 정자正를 생각하면 사벽邪僻하기에 이르지 아니하고 거오倨傲한 마음이 나랴거든 공경경자敬를 생각하면 거오하기에 이르지 아니하고 태타怠惰한 마음이 나랴거든 부즈런할 근자勤를 생각하면 태타하기에 이르지 아니하고 사치奢侈한 마음이 나랴거든 검박검자儉를 생각하면 사치한데 이르지 아니하고 속이고싶은 마음이 나랴거든 정성성자誠를 생각하면 속이기에 이르지 아니하고 니욕利慾의 마음이 나랴거든 옳을의자義를 생각하면 니욕에 이르지 아니하고 말할때에 잠잠믁자默를 생각하면 언실言失이 잇지 아니하고 긔롱譏弄할 때예 영웅웅자雄를 생각하면 경조輕躁하기에 이르지 아니하고 분노忿怒할 때예 참을인자忍를 생각하면 급한거죄 잇지아니하더라. 객왈 그대 아홉가지 생각은 몸을 깊이 살핀다 이르리로다. 그러나 그대. 여덟가지는 잘 생각하나 한가지는 생각지못하도다. 내, 물으되 어찌 이름고. 객왈 그대 나를 속일때예 홀로 정성성誠자를 못할러냐. 내, 대소왈大笑曰 그대 내게 속은 줄 앙앙하여 잊지못하느냐. 객왈 그대 어찌 나를 옅게 너기느뇨. 내, 어찌 족히 [二]개렴介念하리오. 네, [三]교인校人이 자산子產의게 즐겁지못하거늘 교인이 자산의게 속임을 보니 이러케 하면 뉘아니 속으리오.서로 웃고 한가지로 자다가 일어보니 동방東方이 이믜 밝앗는지라. 소매를 서로 잡고 길을 난화 떠날새 저도 내성명을 모르고 나도 제성명을 모르니라.

---

一. 당시常時.

二. 마음에 두는 것.

三. 중국고대中國 古代, 전국戰國 때 자산子產이라는 어진 이가 있는데 누가 고기를 주거늘 자산子產이가 그 고기를 삶아 먹지 않고 교인校人을 시켜 못에다 기르라 하매 교인校人이 삶아 먹고 자산子產을 보고 하는 말이 그 고기를 못에 넣으니 처음에는 어릿어릿하더니 좀 있다 펄펄하여 유연히 가더이다 하였다. 교인校人은 못을 맡은 이.

—규중칠우閨中七友는 망로각수기忘老却愁記에 있는 규중칠우논기閨中七友論記라는 것이다. 다른 책冊에 전하는 것보다 해비該備하고 정확正確한 듯하다. 이는 한 탁의託意다. 칠우七友 가운데 감토할미는 세요각시細腰閣氏와는 정반대正反對로서 규중부인閨中婦人의 총애寵愛를 받았다 함은 이 세상의 한 능난한 처세술處世術을 말함이었다. 우리는 이런 걸 그저 한 웃음거리로만 돌릴 것이 아닌가 한다.—

# 규중칠우閨中七友

일은바 [一]규중칠우는 부인내 방가온대 일곱벗이니 글하는 선베는 [二]필믁과 됴희벼로로 [三]문방사우를 삼앗나니 규중녀잰들 홀로 어찌 벗이 없으리오.

一. 규중칠우閨中七友.
二. 필묵筆墨.
三. 문방사우文房四友.

이러모로 [一]팀선의 돕는 류를 각각 명호를 정하야 벗을 삼을새 바늘로 [二]세요각시라하고 척을 [三]척부인이라하고 가의로 [四]교두각시라하고 [五]인도로 인화부인이라하고 달우리로 [六]운랑재라 하고 실로 [七]청홍흑백각시라 하며 골모로 감토할미라 하야 칠우를 삼아 규중부인내 아츰 소세를 마치매 칠위 일제히 모혀 종시하기를 한가지로 의논하야 각각 소임을 일워내는지라 일일은 칠위 모혀 침선의 공을 의논하더니 척부인이 긴허리를 자히며 이르되

[八]제우는 들으라 나는 세명지 굵은면주 [九]백저포 [一〇]세승포와 [一一]청홍녹라자라홍단을 다내여 펼처놓고 [一二]남녀의를 마련할새 [一三]장단광협이

며 수품제도를 나곤 아니면 어찌 일으리오 이러므로 [一四]의지공이 내 으뜸되리라

一. 침선針線.
二. 세요각시細腰閣氏.
三. 척부인戚夫人.
四. 교두각시交頭閣氏.
五. 인화부인引火夫人.
六. 위낭자熨娘子.
七. 청홍흑백각시青紅黑白閣氏.
八. 제우諸友.
九. 백저포白紵布, 모시.
一〇. 세승포細升布, 가는 베.
一一. 청릉녹라자라홍단青綾錄羅紫羅紅緞.
一二. 남문의男文衣.
一三. 장단광협長短廣狹이며 수품제도手品制度.
一四. 의지공衣之功.

교두각시 [一]양각을 빨리 놀려 내달아 이르되

척부인아 그대 아모리 마련을 잘한들 버혀내지 아니하면 모양제되되겟느냐 내공과 내덕이니 녜공만 자랑 말라

세요각시 가는 허리구붓기며 날랜부리 두루혀 이르되

양우의 말이 불가하다 [二]진쥐 열그릇이나 꿴후의 구슬이라 할것이니

[三]재단의 능대능소하다 하나 나곧 아니면 [四]작의를 어찌하리오 세누비 [五]미누비 저른솔 긴옷을 일우미 나의 날래고 빠름이 아니면 잘게 뜨며 굵게 박아 마음대로 하리오 척 부인의 자혀내고 교두각시 버혀내다 하나 내 아니면 공이 없으려든 두벗이 무삼 공이라 자랑하나뇨

청홍각시 얼골이 붉으락 프르락 하야 노왈

세요야 네공이 내공이라 자랑말라 네 아모리 착한체 하나 [六]한솔 반솔인들 내 아니면 네 어찌 성공하리오

감토할미 웃고 이르되

각시님내 위연만 자랑마소 이 늙은이 [七]수말 적기로 아기시내 손부리 아프지 아니케 바느질 도와드리나니 [八]고어에운 닭의 입이 될지언정 소 뒤는 되지말라 하엿으니 청홍각시는 세요의 뒤를 따라 다니며 무삼말 하시나뇨 실로 얼골이 아까왜라 나는 매양 세요의 귀에 질리엿으되 낯가즉이 두꺼워 견댈만 하고 아모말도 아니하노라

---

一. 양각兩脚, 두 다리.

二. 진주眞珠.

三. 재단裁斷의 능대능소能大能小.재단裁斷은 마르고 끊는 것.

四. 작의作衣.

五. 중中누비.

六. 옷의 폭幅과 폭幅이 서로 이어진 곳.

七. 수발과 같은 말, 하는 일.

八. 고어古語에 운云, 옛말에 이르되.

인화낭재 이르되

그대네는 다토지말라 나도 잠간 공을 말하리라 미누비 세우비 눌로하야 저가락같이 고으며 [一]혼솔이 나곧 아니면 어찌 풀로 붙인듯이 고으리요 [二]침재 용속한재 들락 날락 바르지 못한것도 내의 손바닥을 한번 씻으면 잘못한 흔적이 감초여 세요의 공이 날로하야 광채 나나니라

운낭재 크나큰 입을 버리고 너털웃음으로 이르되

인화야 너와 나는 소임이 같다 연이나 인화는 침선뿐이라 나는 천만가지 의복의 아니 참예하는 곳이 없고 가증한 여자들은 하로 할 일도 열흘이나 구기여 살이 주역 주역 한것을 내의 [三]광둔으로 한번 쓰치면 굵은살 낱낱이 펴이며 제도와 모양이 고하지고 더욱 하절을 만나면 소임이 다사하야 일일도 한가치 못한지라 의복이 나곧 아니면 어찌 고오며 더욱 [四]세답하는년들이 게으러 풀먹여 널어두고 잠만 자면 브드쳐 말린 것을 나의 광둔 아니면 어찌 고오며 세상남녀 어찌 반반한 것을 입으리오 이러므로 작의 공이 내 제일이 되나니라

[五]규중부인이 이르되

칠우의 공으로 의복을 다스리나 그공이 사람의 쓰기에 잇나니 어찌 칠우의 공이라 하리오

하고 [六]언필에 칠우를 밀치고 벼개를 도도고 잠을 깊이 드니 척부인이 탄식고 이르되

[七]매야할사 사람이오 공모르는것은 녀재로다 의복 마를제는 몬저 찾고 일워내면 자기 공이라 하고 게으른 종 잠 깨오는 막대는 나곧 아니면 못칠줄로 알고 내 허리 브러짐도 모르니 어찌 야속하고 노흡지 아니리오

교두각시 이어 갈오대

그대말이 가하다 옷 말라버힐때는 나아니면 못하려마는 드나니 아니 드나니 하고 내여 더지며 양각을 각각 잡아 흔들제는 토심적고 노흡기 어찌 측량하리오 세요 각시 잠간이나 쉬랴 하고 다라나면 매양 내탓만 너겨 내게 집탈하니 마치 내가 감촌듯이 문고리에 가꾸로 달아 놓고 좌우로 [八]고면하며 전후로 [九]수험하야 얻어 내기 몇번인동 알리오 그공을 모르니 어찌 애원치 아니리오

---

一. 옷의 폭幅과 폭幅을 호아 잇는 것.

二. 침자針者, 바느질하는 이, 용속은 서투른 것.

三. 광둔廣臀, 넓은 볼기짝.

四. 서답, 빨래.

五. 규중부인閨中婦人.

六. 언필言畢, 말을 다함.

七. 매몰함.

八. 고면顧眄.

九. 수험搜驗, 수검搜檢, 있고 없음을 탐사探査함.

세요각시 한숨 지고 이르되

너는 커니와 내일즉 무삼일 사람의 손에 보채이며 [一]요악지성을 듯는

고 [二]각골통한하며 더욱 나의 약한허리 휘드르며 날랜부리 두루혀 힘껏 침선을 돕는줄은 모르고 마음맞지 아니면 나의 허리를 브르질러 화로에 넣으니 어찌 통원치 아니리요 사람과는 극한 원수라 갚을길 없어 이따감 손톱밑을 질러 피를 내여 [三]설한하면 조곰 시원하나 간흉한 감토할미 밀어 말류하니 더욱 애닯고 못견디리로다

인화 눈물지어 이르되

그대는 데아라 [四]아야라 하는도다 나는 무삼죄로 [五]포락지형을 입어 붉은 불 가온데 낯을 지지며 굳은것 깨쳐기는 날을 다 시키니 섧고 괴롭기 칙량치 못할레라

운랑재 척연 왈

그대와 [六]소임이 같고 욕되기 한가지라 제옷을 곱도록 문지르고 멱을 잡아 들까부르며 우겨 누르니 [七]황천이 덮치는듯 심신이 아득하야 내의 목이 따로날적이 몇번이나한동 알리오

칠우 이러틋 담논하며 회포를 이르더니 자던 여재 문득 깨쳐 칠우다려 왈

제우는 내 허물을 그대도록 하나냐

감투할미 [八]고두사왈

젊은것들이 망녕도이 [九]혬이 없는지라 [一〇]족가치 못하리이다 저희등이 재죄 잇이나 공이 많음을 자랑하야 [一一]원언을 지으니 마땅이 [一二]결곤하암즉하되 평일 깊은 정과 저희 조고만 공을 생각하야 용서하심이 옳을까 하나이다.

여재 답왈

할미말을 좇아 [一三]물시하리니, 내손부리 성하미 할미 공이라 께어 차고 다니며 은혜를 잊지 아니하리니 [一四]금낭을 지어 그가온데 넣어 몸에 진혀 서로 떠나지 아니하리라

하니 할미는 [一五]고두배사하고 [一六]제붕은 [一七]참안하야 물러나니라

---

一. 요악지성妖惡之聲, 요악한 소리.

二. 각골통한刻骨痛恨.

三. 설한雪恨, 한을 푸는 것.

四. 데아라 아야라는 늘어진 수작이라는 뜻.

五. 포락지형炮烙之刑, 쇠를 불에 닳려 가지고 지지는 극형極刑.

六. 소임所任, 맡은 일.

七. 황천皇天, 하늘.

八. 고두사왈叩頭謝曰, 머리를 숙이고 사례하여 가로대.

九. 지각, 철.

一〇. 촉가, 탄하는 것.

一一. 원언怨言, 원망하는 말.

一二. 결곤決棍, 곤장을 치는 것.

一三. 물시勿施, 시행施行 않는 것.

一四. 금낭錦囊, 비단 주머니.

一五. 고두배사叩頭拜謝, 머리를 땅에 닿게 절하고 사례함.

一六. 제붕諸朋.

一七. 참안慙顔, 얼굴을 붉히는 것.

—어우야담於于野談은 한문漢文으로는 여러가지다. 그 전질全帙이 12책一二冊, 또는 67책六七冊으로 된 것이 있다. 이건 광해조光海朝때 명신名臣이요 문학가文學家인 유몽인柳夢寅의 저작著作으로 그 원본原本은 과연 어떤 것인가를 얼른 말할 수 없다. 그러나 어느 어우야담於于野談엔 유어우柳於于 죽은 뒤의 사실事實을 적은 것도 있다. 그 분량分量이 많더라도 이런 건 그 뒷사람이 가필加筆한 것이다. 우리 국문國文으로는 두 책冊으로서 전질全帙이 되었다. 이는 역어체譯語體이라기보다 한 창작創作이라겠다. 그 용어用語를 보면 적어도 수백년數百年 전 것이다. 이는 우리 설화문학說話文學의 금지옥엽金枝玉葉인바 그중 두 편篇을 뽑았다. 상번군사上番軍士나 포쇄별감曝曬別監과 같은 뜻으로 된 설화說話가 많으나 가장 정하고 묘한 것이 이것인가 한다.—

# 상번군사上番軍士

우리 마을의 [一]서천령자는 [二]종실사람이라 장기를 잘 두어 [三]동국제일손씨 되고 [四]광세에 대적할이 없어 이제 이르도록 [五]묘법을 전하여 [六]서천령수법이라 이르더라

---

一. 서천령자西川令者, 서천령西川令이란 이.
二. 종실宗室, 나랏집안.
三. 동국東國, 우리 나라를 이름.
四. 광세曠世, 세상에 드문 것.
五. 묘법妙法.
六. 서천령수법西川令手法.

> [一]상번 늙은 군새 잇어 [二]하도로부터 [三]준마를 이끌고 올라와 뵈며 가로대

> [四]공재 장기를 잘 둔다하니 시험하야 더부러 나기하야 이기지 못하면 이말을 드리렷노라

하고 세판에 두번 진지라 마츰내 그말을 드리고가며 가로대

청컨대 공자는 이말을 잘 먹이라 다른날에 청컨대 다시 하리라

서천령이 웃어 가로대

五낙다

하고 스스로 새로 준마를 얻은지라 먹이기를 다른말로서 배나하여 살진지라

---

一. 상번上番, 제 번番을 당하여 군영軍營에 드는 것.

二. 하도下道, 충청忠清, 전라全羅, 경상慶尙, 삼도三道를 이름.

三. 준마駿馬.

四. 공자公子, 귀가貴家의 젊은이를 이름.

五. 낙諾, 오냐.

다른날에 그군사 한번 할제 과연 스스로 청하거늘 서천령이 세번 싸화 세번이기지못하니 드듸여 말을 가지고가며 가로대

一소인이 이말을 사랑하되 스스로 상번하여 서울서 먹이기 어려온줄 알고 공자의 집에 부탁하엿더니 이제 공자의 잘 먹임을 입어 二현황을 변하여 三비택이 되엇이니 四불승감격이로소이다

---

一. 소인小人, 천한 이가 귀한 이게 자기를 이름.

二. 현황玄黃, 털을 벗음.

三. 비택肥澤, 살찌고 윤택함.

四. 불승감격不勝感激, 감격함을 이기지 못함.

서천령이 一일기하여 두엇더니 그후의 사는바 시골사람다려 물으되 시골사람이 또한 장기에 묘한줄 아지못하니 어찌 二기절한 재죄 잇어도 일흠을 감초고 숨어 도망한재 아니냐

---

一. 일기日記에 그 성명주소姓名住所를 적음.

二. 기절奇絶한 재주.

—於于野談

# 포쇄별감曝曬別監

[一]채쉬 [二]내한으로써 [三]포쇄별감이 되여 [四]사책을 전쥐로가 포쇄할새 [五]말을베퍼 이르되

> [六]사대부 각고을에 [七]봉사할제 [八]기녀들로 하여금뫼셔 [九]객사에 자 자못 음란하고 [一○]설만하다

하여 몬저 [一一]열읍에 [一二]이문하여 기녀로하여금 [一三]빈관에 복사치말라 하니 년뢰 [一四]진습하여 이르는바 [一五]쥐부들이 기녀를 감히 가까이못하더니 전주서 달포 비와 개지못하는지라 [一六]시러곰 [一七]사고를 못열고 인하여 뉴련하니 [一八]무료하기 이기지못하는지라

---

一. 채수蔡壽.

二. 내한內翰, 내직한림內職翰林, 한림翰林은 검열檢閱의 별칭別稱이요 검열檢閱은 예문관藝文館의 일직一職인데 정구품正九品 사관史官이라고도 함.

三. 포쇄별감曝曬別監, 각처사고各處史庫에 가서 포쇄하는 관원官員.

四. 사책史冊, 전주全州.

五. 선언宣言.

六. 사대부士大夫, 문벌門閥 높은 이.

七. 봉사奉仕, 봉명사신奉命使臣, 왕명王命을 받아 가는 사신使臣, 별성別星이라고 함.

八. 기녀妓女.

九. 객사客舍.

一〇. 설만褻慢, 더러움.

一一. 열읍列邑.

一二. 이문移文, 공문公文.

一三. 빈관賓官에 복사服事ㅎ지 말라, 손님께 드리지 말라.

一四. 연로진습沿路震慴. 가는 곳마다 두려워함.

一五. 주부州府.

一六. 그래서와 같은 뜻.

一七. 사고史庫, 국조실록國朝實錄과 기타其他 귀중도서貴重圖書를 갈머 두는 곳.

一八. 무료無聊, 심심함.

[一]부윤이 [二]판관다려 일러 가로대

> [三]년소사관이 오래 빈관에 머물으되 녕이 엄하여 감히 기녀를 [四]발뵈지 못하나 주인이 [五]귀객대접함이 어찌 마땅이 이렇듯 하리오 다행이 판관은 좋게 하라

한대 판관이 대답하고 물러가 [六]행수기생으로 더부러 꾀하여 고을기생중 [七]년소미색자로하여금 단장을 담연이하고 의상을 희게하고 얼골을 일배나 곱게하고 객사심히 가까온데서 절고질을하고 또 한가지로 잇는 아희로 언약하되

> 한림이 만일 너다려 뭇거든 네반드시 대답하여 가로대 관가기생이 아니라 서울 재상집종으로 [八]근친하라와 친정상사를 만나 머물은지 석달이 장차 가까오니라 일로 문득 머므나니다하라

하니 채 [九]소복한 계집이 낭측에서 절고질함을 본즉 거동과 태되 [一〇]절수하여 마음의 [一一]망망히 거조를 잃어 가만이 [一二]배동다려 물어가로대 저절고질하는 계집은 고을기생이냐 대답하여 가로대

아니라 서울김판서댁 종으로 친상을 인연하여 고을가온대 머므나이다

가로대

어느때 친상을 만나뇨

가로대

이미 백일이 가까와시니 천한 사람은 백일이면 거상을 벗고 장찻 그날 돌아가랴나니다

---

一. 부윤府尹, 부府의 수직首職.

二. 판관判官, 관찰사觀察使나 유수留守가 있는 고을의 수령守令.

三. 연소사관年少史官.

四. 보이는 것.

五. 귀객대접貴客待接.

六. 행수기생行首妓生, 우두머리 기생妓生.

七. 연소미색자年少美色者.

八. 근친覲親, 친정親庭에 뵈러 가는 것.

九. 소복素服, 흰 옷.

一〇. 절수絶殊, 아주 뛰어남.
一一. 망망茫茫히 거조擧措를 잃음은 아무 정신이 없는 것.
一二. 배동配童, 채수와 한가지로 있는 아이.

채 그날 밤새도록 자지못하고 그이튼날 배동다려 물으되

만일 관가기생이 아니면 네 가히 관가에 고치 말고 가만이 다래여 이루라

가로대

바야흐로 맞든재 이시니 [一]용력으로 못할듯 하여이다
그러나 시험하여 보되 외인에 [二]누설치 말라

배동이 달아가 [三]부관에 고하고 [四]유인하야 [五]객사에 이르니 일로부터 밤에 오고 아츰에 가되 스스로 써하되 고을사람은 아지못한다 하더라

---

一. 용력容力, 힘.
二. 누설漏洩, 소문 내는 것.
三. 부관府官.
四. 유인誘引.
五. 객사客舍, 빈관賓舘.

일일은 부관이 내한을 위하야 높이 잔채를 베풀새 붉은 단장은 [一]항렬을 일우고 깁비단은 눈을 어리오는지라 어제 [二]백의녀인이 금빈혀와 구름

머리로 또 [三]금가항렬에 잇는지라 채 보고 크게 놀라 이에 속임봄을 알고 일로부터 [四]약간도 고기치 아니하고 [五]임의로 일야에 잇어 상을 한가지로 하니 정과 사랑이 서로 [六]화륭하야 비록 [七]교경비익이나 능히 밋지 못할러라

一. 항렬行列.
二. 백의여인白衣女人.
三. 금가항렬琴歌行列.
四. 약간若干도 고기顧忌ㅎ지, 조금도 끄리지.
五. 임의任意, 맘 대로.
六. 화융和融, 서로 합침.
七. 교경비익交頸比翼, 지극히 친밀親密함.

밋 그일을 맛고가매 서로 더부러 [一]우에서니별할새 그눈물을 제어코저 하나 스스로 두눈에 솟아나는지라 비록 사람을 피하여 씻으나 또한 금치 못하는지라 드듸여 그엽의 지붕을 우러러 보고 눈물을 참다가 배동다려 물어가로대

이집은 어느해에 지엇느뇨

가로대

아모해 지엇나이다
그때 판관이 뉠러니

가로대

　　아모을러이다

채 이에 비로소 머리를 숙이고 탄식하여 가로대

　　슬프다 인생이 가련하도다 이제 이미 [二]귀록에 일웠도다

하고 [三]산연이 눈물을 쏟아 적삼소매 다젖으니라

---

一. 우郵, 보내던 곳.

二. 귀록鬼錄, 죽었다는 것.

三. 산연潸然, 줄줄 흘리는 것.

—於于野談

—부담浮談은 뜬 말. 부언浮言 부설浮說과 같은 뜻으로 세상에 떠돌아 다니는 근저根柢 없는 말이다. 그러나 이는 한 책冊 이름이었다. 이 책冊의 둘째 페지의 조현곡趙玄谷 위한緯漢은 오성鰲城(선조) 때 명신名臣 이항복李恒福의 벗으로 또한 말 잘하고 회해詼諧를 즐기더니 일일一日은 오성鰲城 집의 오니, 오성鰲城이 출타하여 못 보고 문 위에 쓰되 「부담천자浮談天子 이항복李恒福이 붕崩하다」 쓰고 왔더니 오성鰲城이 보고 그 아래 쓰되 「태자위한太子緯漢이 립立하다」하니 후에 현곡玄谷이 와 보고 욕하다 책하니 오성鰲城 왈曰 「아비 죽으니 아들이 섬이 맛당하니 사관史官이 긔록하지라 뉘 시비하리오」 하더라 함에 부담浮談이란 문자가 쓰임과 같이 책冊 이름도 지은 것이었다. 이 책冊엔 허리가 부지러질 부담浮談이 많은바 그중 이 세 편篇을 뽑았다. 「신방초일新房初日」은 그리 부담浮談도 아니나 「해서기문海西奇聞」은 우리 역대문학歷代文學 뿐 아니라 다른 나라의 문학사文學史에서도 그런 것을 얻어 보기 쉽지 않을 것이다. 워낙 우리 민요民謠 시조時調 등에도 방귀문학文學이 특수하지만 이처럼 굉장宏壯한 건 없다. 이를 골계문학滑稽文學의 걸작傑作으로 추천推薦할 수밖에 없다.—

# 신방초일新房初日

[一]충청도 [二]신랑이 [三]경상도 장가 들라가니 [四]영남풍속이 극히 [五]향암스럽고 극히 웃으우니 신랑이 많이 부족히 너기더라

[六]초례청에 들어서니 [七]독좌상에 [八]매믈탕소 [九]삼색실과 [一〇]편면 [一一]시접놓아 [一二]제상같이 찰혀놓고 신부를 무당의 [一三]할옷 입히고 [一四]분 성적을 어롱더롱하게 칠하야 절을 시기니 [一五]신뷔일신이 둔하야 어듥버듥하야 능히 [一六]꼭각겨 절을 하지 못하게 주어 입혓더라

---

一. 충청도忠淸道.

二. 신랑新郞.

三. 경상도慶尙道.

四. 영남풍속嶺南風俗.

五. 향음鄕闇, 무무한 것.

六. 초례청醮禮廳.

七. 독좌상獨坐床.

八. 메밀, 모밀, 호맥蕎麥. 탕수, 탕수湯水.

九. 삼색실과三色實果, 세 가지 실과.

一〇. 떡, 면麵.

一一. 시접시저匙楪匙著, 그릇.

一二. 제상祭床.

一三. 활옷, 원형圓形과 같으되 흉배胸背와 소매 끝엔 수를 놓았다. 혼례복婚禮服으로 쓰이고, 공주公主, 옹주翁主의 대례복大禮服이었다.

一四. 분粉칠함.

一五. 신부일신新婦一身.

一六. 꼭 끼어.

신방에 들어가니 부희스러한 [一]자적이불에 [二]쥶쌀무리 [三]반뵈박은 요에 두멍만한 [四]피요강에 왕골기즑 자리에 [五]칠승포 도포에 [六]무명보라 [七]중치막에 초록 [八]동다희띠를 띠웟더라 신랑이 더옥 [九]심화계워 옷도아니입고 얼골이 하이여 밖으로 나오니 장인 [一〇]공첨지 손잡고 갈오대

어이 얼골이 취하엿느뇨 용한안해 보고 황홀하야 그리하냐

하니 더욱 증을 내여 앉앗더니 이윽고 [一一]잔상이란것이 이르니 심화를 내여 본체도 아니터니 저녁밥이 이르니 팥밥 [一二]피식긔에 수독이 담고 [一三]메육국에 젓조기꾸미 넣고 무우나물놓고 숫닭다리 왼통으로 구어놓앗더라 이윽고 [一四]피주발에 뜨물숙녕 가득부어 드려왓거늘 놀라 돌아보니 황소같은 계집종이 젓통이를 내앗고 벗벗서서 허허우으며 갈오대

[一五]우에 좋은 반찬에 밥아니 잡사오시오 신랑이 저거동을 보고 해연하여 소래 더럭질러 상앗으라 하니 그년이 놀라 뛰여내달아며

[一六]으마 그정 그양반이야

하니 신랑이 도로혀 우음을 먹음더라

一. 자적紫赤.

二. 찹쌀풀물 들임.

三. 반포청백斑布青白 실로 겨직交織함.

四. 뚜껑도 없는 나쁜 놋쇠 요강.

五. 칠승포七升布.

六. 자청색紫青色.

七. 큰 창옷, 광수장포廣袖長衣인데 네 폭幅으로 되었다.

八. 동을 댄 띠.

九. 심화心火가 몹시 남.

一〇. 공첨지孔僉知.

一一. 잔상盞床.

一二. 뚜껑 없는 놋쇠 식기.

一三. 미역, 해다海茶, 감곽甘藿.

一四. 뚜껑없는 놋쇠 주발.

一五. 우에, 웨.

一六. 으마, 그정은 경탄사驚嘆詞.

밤든후 신뷔 一응장성식으로 나오니 생이 二숙시하매 신뷔 머리를 고이케 뀌오고 쇠똥빛 같은 송화색 저고리에 주토빛 같은 다홍치마에 흰명지 三한삼을 느리쳐 손에쥐고 서편에 앉앗이니 생이 거동을 보고 우음을 참지못하여 이윽히 우으니 신뷔 또한 간간이 우으니 생이 더옥 한심이너겨 그거동을 채알려하여 문왈

나히 며치나 하온고

신뷔 답왈

열여듧에 두살먹엇나이다

신랑이 또 물오되

일홈이 무엇이뇨
일홈 알아 무엇하리잇가

하더라 밤들매 신랑이 나아가 옷을잡아 다릐되 경겁함이 없더라 새벽에 생이 물오되

능히 질삼 바나질 다하는다

답왈

삼기 무명짜기 잣기 뵈바느질을 우리집에 내으뜸이오 언문도 기역이은 가갸거겨
검동이 센동이 쓸줄은 알고 [四]진서도 하늘천 따지 감을현 누루황 [五]달지하노라

신랑이 대소하니 신뷔 이르되

뭇는말 대답하여든 사람을 없우이 너겨 어제밤부터 웃느뇨

하더라

一. 응장성식凝粧盛飾.

二. 숙시熟視, 익이 봄.

三. 한삼汗衫.

四. 진서眞書, 한문漢文.

五. 달지達知, 잘 아는 것.

그러나 신뷔 얼골이 단정하고 머리털이 검고 가늘며 눈이 맑고 눈섭이 길고 프르며 입시울이 붉고 천성이 두렷하야 달갈고 빛이 윤택하고 귀밑이 좋아 달같은 미인이오 [一]덕기 잇는 부인이라 신랑이 비로소 [二]심중에 탄왈

앗깝다 [三]인새 미거하고 거동이 판탕함은 가르치지 못한탓이로다

하더라 날이 밝으매 생이 나와 [四]자가 어룬게 일일히 고하고 한가지로 들어와 신부를 볼새 그작인의 기이함을 깃거 [五]아자를 불러 이로되

[六]도리요원하니 너는 머물어 신부와 한가지로 오라

하더라 [七]공이 잇더니 석양에 이르러 신부의 손을 잡고 머리를 쓰다듬아 보중함을 이르고 드디여 발행하니라

一. 덕기德氣.

二. 심중心中, 맘속.

三. 인사人事가 미거未擧함. 인사범절人事凡節이 아직 서투름.

四. 자가自家, 제집.

五. 아자兒子.

六. 도로道路 요원遙遠.

七. 공空히, 우두거니.

생이 부명을 받자와 즉시 신부를 대하여 정히 친하고 말슴이 [一]유화하여 [二]소학을 가르치며 [三]예도를 일러들리니 처엄은 귀에 머물어 듯지 아니하더니 점점 오래매 본대 통달하고 식견이 널러 어그러워 재조로은지라 허믈며 생의 좋고 맑으며 예다온거동과 [四]천일지포를 [五]흠모하여 점점 향암 적으며 [六]우어뵈는일이 없는고로 날로서 책을 [七]잠심하야 밤이면 [八]열녀전을 유심하여 보니 생은 깃거하되 [九]소저의 모친이 기색이 심히 아니꼬와 이로되

계집이 매양 서책만 펴놓고 앉아든 무삼 볼것이 잇느뇨 소학에서 먹을것 입을 것 삼기느냐 무명자를 가득이 두고 뜻개서답을 하여야하지 바려두엇다가 애꿏은 부모동생 시기려하느냐

하되 대답지 아니하고 유심함이 점점 기특하니 생이 기특이 너겨 [一〇]중대하더라

---

一. 유화柔和, 부드러움.

二. 소학小學.

三. 예도禮度, 예절禮節.

四. 천일지표天日之表, 좋은 풍신.

五. 흠모欽慕, 퍽부러워함.

六. 우습게 뵈는 것.

七. 잠심潛心, 마음을 둔 것.

八. 열녀전烈女傳.

九. 소저小姐, 신부新婦를 이름.

一〇. 중대重大, 퍽 소중히 아는 것.

일일은 생이 이로되

사람이 법도를 모르시고 재물만 탐하니 어찌 [一]사태후의 할배리오 예도는 [二]성인의 경계오 단정함은 여자의 하는되오 욕심막기를 물막기 같이하면 어질기 쉬오니 하더라

一. 사대부士大夫.

二. 성인聖人의 경계警戒.

신뷔 이후 생각이 통달하여 스스로 깃거 가로대

사람이 비록 나기를 잘하나 배움이 없으면 어찌 [一]금수와 다르리오 여자 [二]소천을 잘못얻으면 일생을 그르침이 아니리오 [三]부부의 의를 일워 자식나도 금수나 사람이나 같으되 사람을 중히 너김은 예도와 행실이라 예법을 모르면 어찌 금수와 다르리오

하더니 후 생이 부인을 인도하야 [四]유한정정한 부인이 되니라

一. 금수禽獸, 짐승.

二. 소천所天, 남편.

三. 부부夫婦.

四. 유한정정幽閑靜貞, 가만하고 조촐함.

생이 날로 중정이 새로오나 [一]부모슬하 떠난지 일년이 넘으니 훌훌함을 참지 못하야 즉시 [二]행리를 찰혀 부인으로 더부러 충청도본가에 돌아오니 [三]일가동족이 모다 신부를 보고 [四]수미긔이함을 칭찬하고 생이 즉시 [五]과장에 나아가 [六]알성장원 급제하야 [七]영의정완평부원군이되고 부인으로 더부러 [八]사자일녀를 낳고 [九]백수해로하며 부인의 [一〇]성덕례법의 기이함을 나라헤 들리니 [一一]왕후 궐내로 청하여 [一二]스승례로 대접하시니라

---

一. 부모슬하父母膝下.

二. 행리行李, 행장行裝.

三. 일가동족一家同族.

四. 수미기이首尾奇異, 처음과 나중의 일이 기이함.

五. 과장科場, 과거科擧 보는 마당.

六. 알성장원급제謁聖壯元及第, 상감上監님이 문묘文廟에 배알拜謁하고 뵈는 과거科擧에 첫째로 급제及第함.

七. 영의정領議政 완평부원군完平府院君.

八. 사자일녀四子一女.

九. 백수해로白首偕老.

一〇. 성덕예법盛德禮度.

一一. 왕후王后, 궐내闕內.

一二. 스승을 보는 예.

—부담浮談

# 불효부전不孝婦傳

[一]전쥐 [二]한푼관이 여러 아들이 이서 며느리를 얻어 다 용하되 셋재 며느리 심히 사오나와 [三]싀부모게 정성이 [四]바히 없고 넘난 일이 하 많으니 [五]구괴 괘심이 너겨 그꼴을 아니보려하고 [六]한모르 넘어 내쳐 세간살리니 그뜻을 알고 저도 [七]노호이 너겨 싀부모를 한번도 와 보지아니하니 [八]그싀뷔 [九]맥받으러하여 불시에 죽어는체하니 [一〇]일개 다 [一一]발상하고 [一二]부음이 그며느리게 가니 급히 머리 풀고 크게 고함쳐 울며 [一三]드러와 업더져 긔절 한체 하다가 깨어 브르지저 울며 사설하되

이제 아바님 그려 어찌 살고 어찌 이리급히 상사나신고 그적게 와계셔 내마츰 이 동내 왓더니 너를보라왓노라 하셔늘 반갑사온 마음에 하할것이 없어 [一四]생치다리 굽고 흰밥을 옥같이 지어 큰사발 시욹우희 내닷게 수븍이 담아 드리니 [一五]제반 한술만 덜으시고 [一六]슬은듯 잡사오며 여러곳다녀 시장하더니 [一七]내안색을 보왓더냐 하 많이 먹엇이니 저녁밥 못먹게 하엿다 하시고 나가시거늘 내마음에도 하깃버 따라나와 재넘어 가시는양을 보고 들어와서 찳쌀을 담아 편하여가지고 오려고 막찧더니 또 오시거늘 급히 닉여버혀 세덩이를 잡사오시고 어와 먹고져하던떡을 조히도 먹은지고 너는 실로 싀부모의 뜻을 안다하시고 맏아해를 쓰다듬아 이로시되 내앞이 없는지라 노쇠하여 시장한때 진정을 못하다가 네어미, 정성으로 때마초 한떡을 하 잘먹엇이니 낸들 [一八]언마살리 집뒤 개똥

밭 훈이논 [一九]별급하고 앞 싀공논은 작은아해 하어엿브니 주노라 하시고 나오시니 예 아니하시던 말슴 어이그리 하시는고 마음에 심히 고이하여 굿브더니 [二〇]상풍 이리되려 미리 아라서 그리하시닷다

하고 다시논말 밭을 거들어 [二一]들먹이더니 그싀아비 [二二]무심코 벌덕 이러 앉으며 크게꾸짖으되

내언제 네집에 가서 떡이며 밥먹으며 훈이논 개똥밭 싀공논 주마 하더니

그며느리 발상하엿던 머리를 걷우쳐 언고 하하 웃고 대답하되

거즛상사의 거즛말슴 긔무삼 허물이 되오릿가

하고 제집으로 돌아가니라

---

一. 전주全州.

二. 푼관은 토반土班.

三. 시부모媤父母.

四. 전혀.

五. 구고舅姑, 시아비 시어미.

六. 한 모퉁이.

七. 노엽게.

八. 시부媤父.

九. 시험해 보려.

一〇. 일가一家.

一一. 발상發喪. 초상初喪의 맨 처음 초혼招魂을 하고 머리 풀고 통곡痛哭하는 것, 거애擧哀.

一二. 부음訃音, 부고訃告, 죽었다는 기별.

一三. 사설辭說, 잔말.

一四. 생치生雉, 꿩.

一五. 밥 먹을 때 먼저 밥 한 술을 떠 놓는 것.

一六. 슬어지는 듯, 얼른.

一七. 안색顔色.

一八. 얼마.

一九. 별급別給, 특별히 주는 것.

二〇. 상풍上風, 중풍中風된 것.

二一. 한 일을 들어 여러 번 말함.

二二. 무심無心.

—부담浮談

# 해서기문海西奇聞

[一]황해도 봉산 따헤 [二]방약장이란 사람이 잇이니 늙게야 딸을 낳으니 용뫼 수려하고 재질이 무던하되 다만 두 볼기 점점 자라 크게 남다르니 보는이 다 고이히 너기더라

십사세 되던 봄에 뫼헤 나물캐라 갓더니 저므도록 지기를 쏘이니 배속이 가장 트렷하여 요란이 나올가 시븐지라 혹 남이 들을가 하야 그윽한 뫼골을 찾아가 무심이 방귀 [三]한잘를 뀌니 소래 [四]산악이 문허지는듯 하야 나무 우헤 앉앗던 가토리 둘이 떠러지거늘 방시 마음에 깃거 헤오되

> 내집이 가난하여 일생 채소로 연명하더니 하늘이 에엿비 너겨 내 속의 방귀를 삼겨 이런것이나 얻어 먹게 하시도다

하고 가지고 집으로 돌아와 부모긔 [五]봉양하니 부모는 그런줄 모르고 딸이 무슨 재조로 잡은가 깃거하더니 일일은 어미 딸다려 무로되

> 네 거번 꿩잡은일이 수상하니 바로 니르라 계집아해 잡을리 만무하니 네 혹어떤 [六]머흠을 사괴여 잡아 주더냐 모자간 [七]긔일 일이 어이 잇이리오 바로 니르라

딸이 탄식고 대왈

소녀 팔재 고이하와 속의 이런 병이 잇일줄 에이 알리잇가 남은 도적 방귀도 뀌고 풀숙방귀도 뀌고 혹 잡것 먹어 바람 들어 프도록 하거나 극히 [八]마이 나와야 뽕하기는 방귀중 예사어니와 소녀는 고이하야 어려서부터 두 볼기 몬저 크는줄 남이 고이히 너기더니 [九]저적 나물캐라 뫼헤 갓삽다가 지기를 쏘여 속이 가장 트렷하거늘 혹 남이 알가하여 그윽한 뫼골을 찾아가뀌오니 양개 꿩이 거꾸러졋삽기 가져왓삽나이다

그어미 놀라 약장을 깨와 [一〇]수말을 니르니, 약장이 잠결에 머리를 흔들며 니로되

아니라 그럴리 잇는가 방귀소래 아모리 커도 천동만은 못하려든 천동에 아니 죽은 꿩이 방귀에 놀라 죽을가 시브냐 이 딸이 무상하여 마을 머음을 사괴여 [一一]가문을 욕먹이련다

하고 이러나 큰 매로 마이 치려하니 딸이 울며 고왈

소녀 어찌 부모를 속이리잇고 정 고지듯지 아니시면 한번 뀌어 정말 승인줄 아르시게 하고 시브오되 부뫼 놀라실가 못하나이다

약장이 도로혀 허허 웃어 왈

내 점엇일적 [一二]마병구실 다닐적 [一三]삼혈총에도 아니놀라고 [一四]마상재의 [一五]올린바라랑 중소래에도 아니놀라거든 내 아모리 늙고 병든들 네

방귀에 놀랄가 시브냐 네아모커나 한잘를 내어 놓아든 놀라온가 들어보자

딸이 과연

소녀의 방귀는 심상치 아녀 고이하오니 부모님이 임의 알아계시니 덜 놀라시련이와 여긔 뀌여서는 결집 망동한미도 병들어 낫지 못한듸 놀라 죽을것이요 곁집 어린아해도 놀라 경풍할것이니 널은 뜰헤 가서 뀌여 들어시게 하리이다

---

一. 황해도봉산黃海道鳳山.

二. 방약장方約長, 약장約長은 향약鄉約의 장長.

三. 한 자루를.

四. 산악山岳.

五. 봉양奉養.

六. 사내, 또는 남의 집에 있는 일군.

七. 속이는 것.

八. 매우, 몹시.

九. 저번.

一〇. 수말首末, 그 일의 머리와 끝.

一一. 가문家門.

一二. 마병馬兵의 직職.

一三. 삼혈총三穴銃.

一四. 마상재馬上才, 말 타고 재주를 부리는 것.

一五. 대야와 같은 악기樂器. 대금大金, 동라銅鑼.

약장부체 ˉ우이 너기되 달의 말대로 널은 벌을 찾아 가서 딸다러 왈

네 아모커나 어서 한잘를 내여놓으라 놀라온가 들어보자

딸이 니르되

[二]범사는 단단이 하는것이 옳으니 허리띠를 굴러 두분 허리를 한데 매소서

부모 딸의 니르는대로 하고 뀌라 하니 방시 궁동이를 추여들고 다리를 어깃하고 방귀 한잘를 뀌니 천지 문허지는듯 모래와 돌이 다 날리이고 약장부체 다 [三]기절하엿는지라 방시 [四]망극하여 혼자말로 니로되

내 처엄은 꿩을 잡아 효도하고 나종은 이리 놀라시게 하니 이런 불효 없다

하고 집으로 다려올 [五]모책을 생각하여 왈

부뫼 더 놀라실것은 없으니 또 방귀 뀌여 날아 집에 가시게 하더라

하고 집으로 향하여 놓고 허리띠를 단단이 매고 한잘를 뀌니 모래와 흙과 약장부체 한가지로 날리여 가거늘 방시 딸이 제집에가보니 마당에 나려졋는지라 방시 방에 들어누이고 새도록 구완하니 평명에 약장부체 눈을 떠보고 이로되

우리 어제 널은들에 잇더니 어찌하여 집에 왓는고

딸이 울며 [六]전후수말을 고하고 불효를 일칼으니 약장이 머리를 흔들며 왈

으마 무서웨라 나는 방귀 방귀하여도 그런 방귀는 듯도보도못하엿노라

하더라

---

一. 우습게.
二. 범사凡事, 모든 일.
三. 기절氣絶.
四. 망극罔極, 그지 없는 일.
五. 모책謀策, 꾀.
六. 전후수미前後首尾, 그 지낸 일.

이러구러 방시 십구세 되니 [一]인리에 이소문이 파다하여 아모 [二]구혼할이 없더니 믈건너 [三]배풍헌이란 사람이 [四]독자를 두어 구혼하니 약장이 깃거 [五]허혼하고 [六]택일성례하니 신랑이 극히 [七]청아쇄락하니 약장부체 깃거하며 일변 근심하여 왈

오늘 사회를 보니 심히 청수하니 딸이 만일 방귀를 참지못하면 사회 어듸로 날리어 갈줄 모로니 이런 조심이 없다

하더라

방시 [八]현구고할새 풍헌부체 신부를 볼새 용뫼 극히 미려하니 깃버함이 가이 없더라 방시 [九]구가에완지 수월이 지나니 방귀를 참으매 속이 거복하여 틈을 얻지못하여 하더니 이때 [一〇]하육월이라 일기 심히 무더우니 집이 좁아 풍헌부체 자리깔고 마당에나누엇더니 생각호되

[一一]천통소래 요란하니 이때 방귀를 뀌면 [一二]뇌정소래에 섞여 뉘알리오

이러나 두루 살펴보고 한잘를 뀌니 천지 뒤놉는듯하며 풍헌부체 기절하고 제가부는 어듸로 닷고 없거늘 방시 망극하여 두루 얻어보니 길가 재무덕이속에 빠졋거늘 다려다가 누이고 구완하니 날이 밝으매 세히 정신을 찰혀 지난밤일을 아모란줄로몰라고이히 너겨 서로 일캇고 앉앗더니 집에서 브리던 계집종이 밤에 방귀에 날리여 갓다가 늦은후야 [一三]겨유 기여들어오는대 오히려 비쓸비쓸하는지라 풍헌부체 반겨 왈

우리 어제밤에 [一四]별학을 맞앗던가 인사를 몰라 너도 찾지못하엿더니 네 어듸로 갓다가 살어들어오니 기특하도다

하고 갈오대

너는 그소래를 안는다 모삼소랠더니

그아해 일신을 떨며 대왈

그것이 귀오이다

공헌부체 왈

귀라하니 [一五]아귀런가 [一六]악귀러냐 흉귀러냐 응당 귀신이 우리를 해하랴하니 하늘이 어엿비 너겨 귀신을 벼락치신가시브다

하니 종아해 답왈

귀신이 아니라 방귀오니이다

하니 풍헌 왈

방귀란 말이 그어인말고 너는어서 일러 내답답한 마음을 싀훤케하라

종아해 왈

소인이 어제밤에 마츰 잠이없어 새아깃시 등뒤헤 누엇삽더니 새아기시 홀연 [一七]닓더나 좌우를 두루 살펴보더니 매판같은 궁둥이를 내여놓고 다리를 얄기동하더니 천동같은소래 나옵더이다 어마어마 무서웨라 그 소래야

하고 다시 고왈

소인이 이후 또 그방귀소래 들어서는 아조 죽게엿사오니 하직하고 나아가나이

풍헌부체 어히없어 종을 달래여 가지말라하고 아들을 블러 왈

네안해말을 들으라

하고 [一八]그사연을 자시 이르고 왈

우리부쳐는 늙엇이니 죽어 관겨하랴마는 네 [一九]청수약질이 아모곳에 가 죽을줄 모르니 네 안해를 제집으로 보내라

하니 그아들이 가이없어 방시다려 왈

방귀는 긔운을 통하는것이라 노상 뀌지말것이 아니로대 어룬뫼신 사람이 너모 [二〇]임타이하여 방귀를 나는대로 뀌여 부뫼 놀라시게하니 이제로서 집으로 가라하니

방시 대답하되

가라하니 가려니와 [二一]칠거지악에 들엇더냐

하고 제집으로 가더니 한곳에 다달으니 [二二]관가하인 여러히 모혀 뫼흘 가르치고 지져고며 근심하거늘 방시 나아가 예하고 이로되

[二三]열위는 무슨일이셔 근심하느뇨

하인이 답왈

우리는 관속들일러니 우리원님이 병환이 들어 삼년을 시들으사 백약이 무효하더니 한의재 이로되 뫼우해 잇는바회우해 열인 배를 따쓰면 병환이 나으시리하기 두루 돌아 예와서 겨유 배남기 잇이되 뫼히높기 십장이요 바회 또 열길이라 [二四]대되 설흔길이니 배를 딸길히 없어 이리 걱정하노라

방시 답왈

내마츰 높은것 나리오기를 잘하더니 배를 많이 따줄것이니 값을 언마나 주랴하느뇨

관하인이 대희하여 답왈

배를 따주면 [二五]목한동을 주리라

방시 허락하고 이로되

열위는 산하로 잠간 피하라 내재죄를 다하여 따리라

관리 수상이 너겨 칙오지 아니하거늘 방시 이에 배남 글 향하여 궁둥이를 다혀들고 방귀 한잘를 뀌니 산악이 문허질 듯하며 관리 다 [二六]실색하고 호랑과 여호 토끼 사슴이 다놀라 거꾸러졋더라 모래와 돌이 다날리여 배남글 마치니 배나모 잎조차 다떠러지니 관리를 쥐믈러 깨와 배를

주어가라하니 관리 깨여 어즐어즐하며 보니 배많이 떠러져거늘 대희하여 목한동을 방시를 주고 배를 가지고 가니라 방시생각하되

> 내집으로 가서는 부뫼 [二七]일정 방귀 아니참앗다하여 용납지아니하시리니 찰하리 이무명을 가지고 구가로 도로 가리라

하고 싀집으으로 가서 연유를 다하니 싀부뫼 일변 무던이 너겨 머물어두더라

---

一. 인리隣里, 이웃마을.

二. 구혼求婚.

三. 배풍헌裵風憲, 풍헌風憲은 면面 또는 촌村의 한 소임所任.

四. 독자獨子, 외아들.

五. 허혼許婚.

六. 택일성례擇日成禮, 날 받아 혼례婚禮를 이루는 것.

七. 청아쇄락淸雅灑落, 人品이 맑고 높음.

八. 현구고見舅姑, 신행新行하여 시부모媤父母를 보는 것.

九. 구가舅家, 싀집.

一〇. 하유월夏六月.

一一. 천동天動.

一二. 뇌정雷霆, 우뢰.

一三. 겨우.

一四. 벽력霹靂의 전음轉音, 벽락.

一五. 아귀餓鬼.

一六. 악귀惡鬼, 흉귀凶鬼.

一七. 일어나.

一八. 일, 까닭.

一九. 청수약질淸秀弱質.

二〇. 임타任他, 함부로.

二一. 칠거지악七去之惡. 옛날 출가出嫁한 여자女子가 구고舅姑에게 불순不順하든지 자식을 못 낳든지 음행淫行을 하든지 질투妬嫉를 하든지 악질惡疾이 있든지 말이 많든지 도절盜竊을 하든지 하면 버리던 것.

二二. 관가하인官家下人.

二三. 열위列位.

二四. 모두.

二五. 백목白木, 한통.

二六. 실색失色.

二七. 일정一定, 꼭.

일일은 동리사람이 풍헌과싸와 [一]중인이 치려, 집으로 쫓아오니 방시식부는 안해 들여보내고 그사람을 향하여 방귀한잘를 뀌니 날리여 가는지라 기인이 겁내여 다시 싸호지못하고 인리사람이 다 무서이 너겨 풍헌과 겨룰이 없으니 일로인하여 식부뫼 도로혀 며느리 사랑이 [二]극진하더라

一. 중인衆人, 여러 사람.

二. 극진極盡.

저 [一]개건너 풍초관이란사람이 이셔 그도 방귀유명하여 동리사람이 다 놀라더니 초관이 매양 방귀겨름할이를 못얻어하더니 방시 방귀유명타말을 듣고 양식싸고 와서 방시를 찾으니 우믈에 한여인이 믈깃다가 문왈

내긔어니와 어이 찾느뇨

기인 왈

방귀겨름하라 왓노라

하니 방시 왈

그리하라

하고 믈동희를 이고 들어가며 방귀한잘를 뀌니 중문이 넘어지는지라 또 풍초관이 진력하여 한잘를 뀌니 중문이 겨유 이러나는지라 아모려도 지갯다하고 방아공이를 하나흘 얻어 궁동이에 끼오고 믈을 건너가니 방시 또 키하나흘 얻어 궁동이 끼오고 가서 마조 향하여 뀌니 방하공이와 키 마조 다질러 믈에 빠지니 방하공이는 [二]숭어되고 키는 [三]넙치되니 이러므로 숭어는 방하공이같고 넙치는 키같다하나니라

---

一. 개펄건너, 포변浦邊.

二. 수어秀魚.

三. 광어廣魚.

방시 이후는 아모도 두려워아니하고 싀부뫼 심히 사랑하며 자손을 많이 두고 조히 잘사더라

—청구야담靑邱野談은 전질全帙 27책二十册인데 제20第二十의 1책一册은 낙질落帙된 대로 중앙도서관中央圖書館 규장각장서奎章閣藏書로 소장所藏되어 있다.이는 혜석동조윤惠石東趙潤의 인장印章이 찍혔다. 우리 고대古代의 설화집說話集으로는 한 거질巨帙이었다. 그 중中엔 현대現代의 단편소설短篇小說에 비겨 본다더라도 오히려 우수優秀한 작품作品임즉한 것도 더러 있다. 그 때 언어言語 풍속風俗 관습慣習 등을 해당該當히 쓴 것은 물론이고 그 결구結構와 수법手法도 묘하다 않을 수 없다.그리고 진실眞實도 하고 흥미興味도 있고 교화敎化에도 좋은 독본讀本이었다.이는 한 7, 80년七, 八十年 전 것인가 싶다. 그 제18책第十八册에 순조純祖 11, 12년(1811-1812) 임서적란壬西賊亂에 효충效忠했던 곽산지인郭山知印 이야기가 있는 걸 보든지 용어用語를 보든지 하여 그렇다고 하겠다.겨우 다섯 편을 뽑았으나 같은 종류種類의 것이 많은 가운데 이는 그 한 대표代表가 될까 한다.—

# 귀매鬼魅

一남문밖에 한二심성양반이 잇이니 집이심히 간난하여 일푼전과 三일승곡이 없으되 四니병사석구로 더부러 五인아되여 일로힘입어 六죽반간영명하더라.

---

一. 남문南門, 서울 남대문南大門.

二. 심성양반沈姓兩班.

三. 일분전一分錢과 일승곡一升穀.

四. 이병사석구李兵使錫九.

五. 인아姻婭.

六. 죽반간粥飯間.

어느해겨을에 一백주에 한가히 앉앗더니 홀연 들으니 대청반자우헤 쥐다니는 소래 잇거늘 二심생이 쥐엇든 담배대로 우러러 치니 반자가온데로서 소래잇어 갈오대

나는 쥐아니라 사람이니 그대 한번 보기를 위하야 천리를 三발섭하야 이에왓이니 일로써 서로 박히 말라

생이 [四]경아하여 뜻에 헤오되

[五]귀매라하여도 백주에 동할리없고 사람이라하여도 반자 가온데 잇을이 없으리니 심히 괴이하도다.

하야 의아할즈음에 또반자우에서 소래하여 갈오대

내 멀리와 [六]기갈이 자심하니 다행이 한 그릇밥을 먹이라

생이 응치아니하고 바로 안으로들어가 부인다려 그연유를 말하니 부인도 믿지아니하더라

말을 마츠매 공중으로서 소래하여 갈오대
그대무리 서로 모도여 나의장단을 이르지말라

부인이 심히놀라 다라난대 그귀매 부인을 따라 연하여불러 갈오대

구타여 놀라지말라 [七]내장차 귀사에 오래머믈려하니 [八]변동 집안사람이라 어찌써소 히하고 멀리함이 잇이리오

부인이 더욱놀라 동으로닷고 서으로숨으되 가는곳마다 따라 머리우흐로 돌며 연하여 밥을찾거늘 부인이 할일없어 일탁반을 정결히하야 [九]중당에 두니 밥을씹고 물을마시는 소래잇더니 경객에 다없어지니 다른귀신처로 [一〇]흠향만하고 그칠뿐아니라

一. 백주白晝, 정낮.
二. 심생沈生.
三. 발섭跋涉, 걸어 옴.
四. 경아驚訝, 놀래고 의혹함.
五. 귀매鬼魅, 귀신.
六. 기갈饑渴이 자심滋甚, 주리고 목 마른 것이 퍽 심함.
七. 귀사貴舍, 귀택貴宅.
八. 변동便同, 꼭 같음.
九. 중당中堂.
一〇. 흠향歆饗, 신명神明의 제물祭物을 향享하는 것.

생이 크게놀라 물어 갈오대

네 어떠한귀신이며 무엇을 인연하여 내집에 왓느뇨

귀매 갈오대

나는 [一]문경관이라 두루 행하다가 우연이 귀사에이르러 이제 한번 배브름을 얻으니일로좇아 가리라

하고 인하여 이별하고 가더니 이튼날 귀매 또와 [二]토식하기를 어제같이하야 먹기를 다하매 믄득가고 이후 [三]축일 내왕하야 혹하로밤식 머믈어 [四]언쇠자약하니 일가내외 의심하고 두려함이 점점 없더라

일일은 주인이 [五]주사로 [六]부작을써서 [七]벽상에부치고 그남은벽사하는 방법을 앞에베풀엇더니 귀매 또와 이로되

내[八]요새아니니 어찌 [九]좀방술을 두리리오
급히 떠여오는자를 막지마는 뜻을뵈라

주인이 할일없어 부작과 방법을걷고 인하여 물어 갈오대

네 능히 [一〇]내두화복을 아는다

귀매 갈오대

아노라

생이 갈오대

내집 [一一]전정길흉이 어떠하뇨

귀매 갈오대

그대수한은 육십구세라 [一二]종신감가할것이오 그대자제는 수한이 언마오 손자는 비로소 [一三]과영이잇이나 [一四]현달치못하리라

생이 들으매 [一五]악연하여 또 물으되

가중 아모부인의 연쉬얼마여 생남은 몇이나할고

귀매 일일히 다일컫고 인하여 갈오대

내긴히 쓸곳이잇이니 [一六]이백청동을 줄소냐

생이 갈오대

네 내집을 빈타하나냐 부타하나냐

귀매 갈오대

그대 극히 빈한하니라

생이 갈오대

그런즉 전양을 어찌하야 [一七]판득하리오

귀매 갈오대

그대집아모궤가온데 아까 돈두냥을 빗내여두엇거늘 어찌없다하고 주지아니 하느뇨

생이 갈오대

내 여러번 슬픈사정을 남에게 간신이 말하여 두냥을 꾸엇이니 만일

너를주면 저녁밥을 지을수가 없으니 어찌하리오

귀매 갈오대

그대집의 양식이 저녁할것은 넉넉하니 어찌 믿지아닐말로 [一八]미봉하느뇨 내 돈을 가져갈것이니 삼가 노하지말라

하고 표연이 가거늘 생이 어히없어 궤를본즉 봉한잠을쇠 여전하고 열어본즉 돈이없는지라 생이 민망함이 심하여 마음이 타는듯하고 가슴이 터지는듯하여 드디여 부인을 친가에보내고 자기는 친구의집에 가머무더니 귀매 또쫓아와 노하여 갈오대

무슴일로 나를피하여 이에왔느뇨 그대 비록 천리를 갈지라도 내어찌 괴리리오

하고 인하여 그집주인을 향하여 밥을구한대 주인이 주지아니하니 귀매 무수이 [一九]후욕하고 [二〇]긔명을 다[二一]파쇄하여 밤이 맞도록 소요하니 주인이 생을원망하고 또그릇깨친값을 물라하거늘 생이 즉시집으로 돌아오니 귀매 또부인의 친정에 가서 훤요함이 일반이라

---

一. 문경관文慶寬.

二. 토식討食.

三. 축일逐日.

四. 언소자약言笑自若.

五. 주사朱砂.

六. 부적符籍, 불가佛家 도가道家의 기도祈禱에 쓰는 이형異形의 문자文字.

七. 벽상壁上.

八. 요사妖邪.

九. 하잖은 방술方術.

一〇. 내두화복來頭禍福.

一一. 전정기흉前程吉凶.

一二. 종신감가終身坎軻, 죽도록 불우不遇함.

一三. 과영科榮.

一四. 현달顯達.

一五. 악연愕然.

一六. 이백청동二百青銅, 두 냥 돈.

一七. 판득辦得.

一八. 미봉彌縫, 꾸미는 것.

一九. 후욕詬辱, 꾸짖고 욕함.

二〇. 기명器皿, 그릇.

二一. 파쇄破碎.

부인이 마지못하여 또집에 돌아오니 귀매 인하야 내왕함을 여전이하더니 일일은 귀매 갈오대

내일로좇아 기리 ˉ원별을당하니 그대는 진중하라

생이 갈오대

네 어느곳으로 향하는다 바라건대 빨리떠나 나의일가로 편안케하라

귀매 갈오대

내집은 영남 [二]문경현에잇어 영영 고향에 돌아가려하나 다만 [三]노비 없으니 다행이 십냥천으로 노비를 당하라

생이 갈오대

내 빈곤하여 스사로 먹지못함은 네 익이아는배라 과연 한돈을 어듸가 얻으리오

귀매 갈오대

만일 이뜻으로써 [四]절도사집에가 애걸하면 쉬움이 여반장이어늘 어찌 이를 [五]판비치 아니하고 날을 막고져하나뇨

생이 갈오대

내집의 한그릇밥과 한가지옷이 다절도사의 [六]주급함을 힘입어 은혜 골육같거늘 만분일이라도 갑지못함으로 낯이 [七]난연하고 마음이 불안하거늘 이제 또 무삼낯으로 다시가 구하리오

귀매 갈오대

그집에서도 나의 작난함을 이미 아느니 그대 만일 실정으로 고하고 애걸하되 이를 [八]판급하면 귀매가리라 하더라하면 어찌 허락지아니하리오

생이 말이막히고 뜻이 억하여 가히소기지못할줄을 알고 즉시 절도사집에가 그연유를 자세 고하니 절도새 개연이 허락하거늘 생이 돈을허리에 차고 집에돌아와 궤중에 깊이넣고 한가히 앉앗더니 오래지아너 귀매 어듸로 좇아오며 깃거우어 갈오대

그대의 후하고 지극한뜻으로 내노수를 [九]판출하니 일로좇아 [一〇]장정행역이 가히 무사하리로다

생이 소겨 갈오대

내 누를 좇아 [一一]관은을 [一二]판득하여 너의[一三]반전을주랴

귀매 우어 갈오대

내 일즉 선생을 근실타 일렷더니 이제어찌 [一四]희학함을 이같이하느뇨 내 이미 그대궤중전물을 취하고 두냥오푼을 머물어두어써 나의 적은 정성을 표하노니 그대는 술이나 사 한번 취하라

인하야 하직하고 가거늘 생의 일가노쇠 뛰놀고 춤추어 서로 치하하더니 거한지 [一五]일삭후에 홀연 공중에서 또 귀매 인사하거늘 생이 크게 노하여 갈오대

내 천만애걸하여 [一六]십관을 얻어 너를 보내엇이니 네 맛당이 감격함을 알것이어늘 언약을 배반하고 은혜를 저바려 또와서 번요함을 지으니

내 맛당히 [一七]관왕묘에가 [一八]송원하여 널로하여곰 신령에 버히심을 입게 하리라

귀매 갈오대

내 문경관이 아니어니 어찌 배은타 이르느뇨

생이 갈오대

그러면 네뉘뇨

귀매 갈오대

나는 경관의 체러니 그대집에서 귀신을 잘대접함을 들은고로 천리를 멀리 아니너겨 찾아왔으니 그대 맛당이 흔연히 맞을것이어늘 도로혀 소대함은 어찐 도리며 또남녀 서로 공경함은 [一九]사자의 행실이어늘 그대 [二〇]만권서를 읽엇이나 배은배 무엇인고

생이 기운이 막히여 강인하여 우으니 일로 좇아 귀매 날마다 이르더라

---

一. 원별遠別, 멀리 작별함.

二. 문경현聞慶縣.

三. 노비路費.

四. 절도사節度使, 즉 이석구李錫九.

五. 판비辦備.

六. 주급周給.

七. 난연赧然, 붉은 것.

八. 판급辦給.

九. 판출辦出.

一〇. 장정행역長程行役.

一一. 관은官銀.

一二. 판득辦得.

一三. 반전盤纏, 노비路費, 노자路資.

一四. 희학戱謔.

一五. 일삭후一朔後, 한달 뒤.

一六. 십관十貫, 열 꿰미 돈.

一七. 관왕묘關王廟.

一八. 송원頌願.

一九. 사자士子, 선비.

二〇. 만권서萬卷書.

—청구야담靑邱野談 일—

# 그 안해

[一]광해조때에 [二]대븍중에 [三]한재상이 잇이니 [四]영귀함이 비할이없고 그 자제 일즉 [五]등과하여 벼슬이 [六]승선에 이르니 [七]제택이 장녀하고 [八]전곡이 [九]구산같이 싸이고 [一〇]금은보화는 이로 헤지못할러라

그사외 [一一]김생이 신세 심히 고단하고 기구하여 처가에 붙여잇이니 그 집 [一二]내외비복등이 다 슬히너기고 박대하며 [一三]문객과 식역하는 소동이라도 다김생이라부르고 존대하는재 없으듸 오즉 그안해 [一四]연휼하는마음과 [一五]견권하는정이 중하여 생이 날마다 새베 나가 아츰에 돌아오고 아츰에나가 저녁에 들어온즉 재상과 밑 부인과 승선앞에 자최를 발뵈지못하고 문득 협문으로 들어와 [一六]즈려 안해방으로 오면 그체 문을 의지하고 기다리다가 당에나려 붓들어 올려 [一七]의대를 친히 그르고 손소 [一八]반탁을 나아올제 이마에 거즈런하여 극히 공순함이 옛날 [一九]맹광을 본받더라

---

一. 광해조光海朝.

二. 대북중大北中, 대북大北은 북인北人의 일파一派.

三. 재상宰相. 삼품二品 이상以上의 관인官人.

四. 영귀榮貴.

五. 등과登科.

六. 승선承宣, 승지承旨의 별칭別稱.

七. 제택第宅, 집.

八. 전곡錢穀.

九. 구산丘山.

一〇. 금은보화金銀寶貨.

一一. 김생金生.

一二. 내외內外 비복婢僕 등等.

一三. 문객門客과 시역소동廝役小童.

一四. 연휼憐恤.

一五. 견권繾綣.

一六. 경입逕入함.

一七. 의대衣帶, 옷과 띠.

一八. 반탁飯卓, 밥상.

一九. 맹광孟光, 자덕약字德躍, 중국中國 동한東漢 때 어진 부인婦人, 양홍梁鴻의 안해.

그집 [一]하천노복이라도 [二]그랑을 슬허하되 김생을 [三]공궤하는바는 다만 쓴나물 두어그릇뿐이라 그체 때때로 분한함을 이기지못하여 생을 대하야 눈물을 드리오되 생이 우어 갈오대

타인에게 [四]긔식함도 분내에 족하거든 어찌 이러한일을 [五]개희하리오

하더라

생이 일일은 늦게 돌아와 방에든즉 그안해 없는지라 홀로앉아 기다리더니 이윽하야 그안해 담뒤흐로좇아 가만이 들어오거늘 생이 그연고를 물은되 그체 울며 갈오대

아츰에 [六]자뫼 첩을 성히 꾸짖어 갈오사대 네의식을 다 부모에게 [七]자

뢰하고 [八]영송은 김생에게 골돌하여 은근한정회 날로 [九]흡독하니 어찐일이뇨 김생이 나히 [一〇]사순에지나되 한갓 내집곡식만 허비하니 결단코 네평생을 헛되이 보낼지라 또저의 [一一]취악이 심하니 내 매양 이를 생각하면 [一二]모골이 송연하고 잇으되 너는 도로혀 이놈을 극진히 섬김을 부모에서 [一三]십배 나흐나 네만일 [一四]전처로 하려거든 즉금으로 이놈을 따라나가 잘먹고 잘입으라 하시니 첩이 일로좇아 감히 문으로 들어와 다시 자모의 꾸중을 당치아니려하더니 이제 날이 이미늦엇고 생각건대 그대 발서 돌아왓일듯한고로 대변을 [一五]칭탁하고 가마니 도망하여왓사오니 바라건대 넉넉히 용서하소서

생이 갈오대

빙모의 말슴이 이같은즉 [一六]경경이 어찌하여 왓나뇨 만만불가하도다

이윽고 소비 석반을 올리거늘 그체 긴긴히 소비에게 부탁하여 갈오대

부대 내 여긔잇다 이르지말라

소비 응락하니라

생이 먹으려할제 반우해 한닭의다리 잇거늘 그체 갈오대

이는 자시지 말으소서

생이 갈오대

어찌 이름고

대왈

앗가 一七일수계를 삶앗더니 고양에게 잃은배되여 살은 다먹고 다리 하나히 뒷간에 떠러졋거늘 一八소비배서로 그일을 말한대 자뫼 갈오대 이는 정히 김생의 一九육찬이니 반탁에 놓아 저놈으로하여곰 일시 二〇열구케하라 하신고로 놓앗이니 똥에 빠진것을 아모리 씻어놓으나 극히 더러오니 입에 갓가이 마르소서

생이 갈오대

빙모의 이고기를 먹이심이 특별한 二一은의이어늘 어찌 맛보지 아니리오

말을 마츠매 태연이 먹으니라
상을 걷으매 생이 몸을일고저하거늘 그체 갈오대

날이 어두어 二二인정이 갓가오니 그대 어데로 가려하시나니잇고

생이 갈오대

오늘밤 二三삼경에 경경이 뒷동산에 올라 二四대궐문밖을 바라본즉 반드시 싸오고 지꺼리는 소래 잇일것이니 만일 二五싀살하기를 오래하거든 반드시 二六자결하고 잠시 진정하거든 진중히 몸을 보전하라

그체 응락하거늘 생이 밧비나가니라

---

一. 하천노복下賤奴僕.

二. 그 랑郞.

三. 공궤供饋.

四. 기식寄食.

五. 개회介懷, 마음에 두는 것.

六. 자모慈母, 어머니.

七. 자뢰의뢰資賴依賴.

八. 영송迎送, 접대接待함.

九. 흡독洽篤, 퍽 두터움.

一〇. 사순四旬, 40세四十歲.

一一. 취악醜惡.

一二. 모골毛骨이 송연竦然, 무척 놀라움.

一三. 십배十倍.

一四. 전처럼.

一五. 칭탁稱托, 핑계.

一六. 경경卿卿, 그 안해를 이름.

一七. 일수계一首雞, 한 마리 닭.

一八. 소비배小婢輩.

一九. 육찬肉饌.

二〇. 열구悅口.

二一. 은의恩義.

二二. 인정人定. 야행夜行을 금하려 밤마다 2경二更 오후午後 10시十時 쯤에 치는 종鐘.

二三. 3경三更, 자정子正 오후午後 12시十二時 쯤.

二四. 대궐문大闕門, 즉 창덕궁昌德宮 돈화문敦化門.

二五. 시살撕殺, 쳐 죽이는 것.

二六. 자결自決, 자살自殺, 스스로 죽음.

그체 그밤에 자지아니코 삼경북이 나리거늘 [一]인적이 고요한때를 타 가만이 동산언덕에 올라 대궐을 바라보니 적연히 사람의소래 없거늘 뜻에 김생의 허란함을 일캇고 장차 나려오고고저할지음에 홀연 본즉 횃불이 [二]충천하고 사람이 지꺼리며 말이 울어 궐문에 이르매 기세 풍우같아여 [三]수객을 훤요하와가 일제히 들어가니 다만 [四]궁성안과 풍님밖이 간간 불빛이 잇이되 심히 훤요치 아니하더라

그때에 그집재상의 부재 다 궐내에 입직하고 집안에 일개 남자없어 그[五]사유를 알아 [六]파혹할길이 없는지라 방에 돌아와 심히 [七]의아하더니 [八]평명에 [九]상노재상의 [一〇]일은조반을 가지고 대궐을 향한즉 [一一]어구우헤 [一二]천긔찰주하여 챗직으로 후리고 몽동이로 따려 사람을 사방으로 치우니 상노 상전의 형세를 믿고 [一三]진상으로 뚤어 지내고저한대 [一四]패장이 휘추리로 치니 상뇌 크게 꾸짖어 갈오대

나는 아모 골목 아모 대감댁 상뇌라 [一五]요마소괴 어찌 날을 박축하느뇨

중들이 우어 갈오대

너의 [一六]상전이란것은 곧 [一七]흉역의 괴쉬니 네 어찌 감히 형세를 팔리오

하고 어즈러히 발로 차내치니 상뇌 겨우 위태함을 벗어낫이나 [一八]만신에 피빛이라 급히 돌아와 그가인에게 고한대 가인이 크게놀라 [一九]반신반의하더니 부인이 갈오대

우리집이 [二〇]상총을 후이 입고 또 [二一]가만한꾀 없으니 어찌 일조의 갱참에 떠러짐이 잇이리오 반드시 [二二]무뢰한 김생이 [二三]모역하다가 일이 발각하야 [二四]그국문을 당하매 [二五]형장을 이기지못하여 내집을 짐짓 불어 써 그한을 풀려 함이라

하고 딸을 돌아보아 갈오대

너의서방 아름답다 너의서방 기특하다

생의부인이 또한 현란하고 의아하야 머리를 숙이고 대답이 없더니 [二六]거무하의 두어낭관이 달녀와 혹 문서를 수탐하고 혹 고깐을 점고하니 혼실이 크게 울며 [二七]낭관을 향하야 그연유를 물은즉 낭관이 응치아니하거늘 즉시 [二八]노창두로하여곰 소식을 자세탐지하라 하엿더니 이윽고 창뒤 돌아와 고하여 갈오대

어제밤에 [二九]신왕이 즉위하시고 [三〇]구주를 폐하야 내치시니 [三一]만조 [三二]공경대비를 폐하야 가도므로써 [三三]역율을 논핵한즉 대감이 화를 면치 못할듯한고로 급히 [三四]대리청에 가 [三五]염탐한즉 [三六]대감과 소녕공이 발서 [三七]혹형을 가초 받아 [三八]경골이 들어나고 일간에 [三九]지해하는 율을 쁜다 하오니 [四〇]부인과 소제 다 [四一]관가적몰에 들것이오 소인도 어늬곳에 유락할지 모르겟나이다

부인이 한소래를 크게 지르고 따헤 혼도하니 [四二]일가노쇠 다모드여 울더라

一. 인적人跡.

二. 충천衝天, 하늘에 닿음.

三. 수각數刻, 3,40분三,四十分, 훤효喧擾.

四. 궁성宮城과 풍림楓林.

五. 사유事由, 까닭.

六. 파혹破惑.

七. 의아疑訝.

八. 평명平明, 새벽.

九. 상노床奴, 심부름하는 아이.

一○. 일찍 먹는 조반朝飯.

一一. 어구御衢.

一二. 천기찰주千騎札駐, 군마軍馬가 잔뜩 멈춰 있는 것.

一三. 진상陣上, 진친 안.

一四. 패장牌將, 관서官署의 인부人夫들을 동솔董率하는 재.

一五. 공마소교公麼小校, 네까진놈, 박축撲逐.

一六. 상전上典, 종이 그 주인主人을 이르는 말.

一七. 흉역凶逆의 괴수魁首.

一八. 만신滿身.

一九. 반신반의半信半疑.

二○. 상총上寵.

二一. 음모陰謀.

二二. 무뢰無賴.

二三. 모역謀逆.

二四. 국문鞫問.

二五. 형장刑杖.

二六. 거무하居無何, 바루.

二七. 낭관郎官, 각관아各官衙의 속료낭청屬僚郎廳.

二八. 노창두老蒼頭, 늙은종.

二九. 신왕新王, 인조대왕仁祖大王, 즉위卽位.

三〇. 구주舊主, 광해군光海君.

三一. 조공경朝公卿.

三二. 인목대비仁穆 大妃.

三三. 역률逆律을 논핵論劾.

三四. 대리청大理廳.

三五. 영람廉探.

三六. 대감大監과 소령공小令公.

三七. 혹형酷刑.

三八. 경골脛骨, 다리뼈.

三九. 지해肢解, 팔다리 찢어 죽임.

四〇. 부인夫人과 소저小姐.

四一. 관가적몰官家籍沒.

四二. 일가노소一家老少.

창뒤 홀연 눈물을 걷우고 일어 부인을 연하여불러 갈오대

앗가 황급함을 인하여 마츰 한말슴을 잊엇나이다

부인이 갈오대

밧비 이르라

창뒤 갈오대

소인이 앗가 [一]금부문틈으로 여어보온즉 [二]호두각우헤 [三]일위소년이 [四]분홍관대를 입고 [五]도리옥관자를 붙엿이니 김생과 흡사한지라 긔회를

인연하야 이를 얻은가 하나이다

부인이 갈오대

얼골이 서로같은재 자래 많으니 이놈이 어찌 이[六]고관대작을 얻으리오

생의체 갈오대

천하만사를 미리 헤아리지 못할것이니 시험하여 다시 가보라

부인이 갈오대

네 한갈같이 이놈을 믿어 이런 [七]망상한 말을내니 나의심장이 더옥 번뢰하도다

노창뒤 갈오대

소인이 원컨대 가올것이니 잠간 기다리소서

하고 인하야 담을넘어 나는듯이 [八]금오문밖에 간즉 [九]깔 닥이조예 [一〇]왕의를 입고 빵으로서 대도상에 [一一]벽제하고 이어 [一二]열빵기쉬 두줄로 느러서서 [一三]알도하고 일좌높은 [一四]초헌우헤 일위소년재상이 앉았으니 [一五]의픠심히 빛나고 추종이 구름같거늘 창뒤 눈을 쏘와보니 정녕한 김생이라

이예 뒤흘 밟아가니 [一六]전되 곳 궐내로 들어가더니 이윽고 나와 [一七]한직 방으로 들어가거늘 창뒤 하인다려 물어 갈오대

[一八]상위대감은 뉘시뇨

갈오대

김판서 대감이시니라
[一九]관 향은 어듸시뇨

갈오대

아모향이시니라
시방무삼직품이시뇨

갈오대

[二〇]이조판서 지의금 겸어영대장 동춘추 동성균 사복장악 사역내의 네제도를 겸하여 게시니라

창뒤 크게깃거 돌아와 자시 고하고 또 생의 명자와 관향과 연긔를 생의 부인다려물은즉 하인의 대답과 [二一]여합부절이라

부인이 그제야 화한안색으로 딸을 돌아보와 갈오대

내 귀인을 아지못하고 [二二]일향 냉대하엿이니 [二三]일쌍육안을 빠혀 이죄를 사례코저하나 [二四]즉금화액이 눈섭에 불붙는데 잇으되 능히 구할재 없이니 너의부형이 함게 칼날을 받을일이 가련이 너기고 또한 [二五]생육지은을 생각하야 아즉냉대한 허믈을 용서하면 마른 뼈에 가히 두번 살이오르고 죽은남기 가히 다시 봄을 만남이니 네 그생각하라

생의부인이 꿀어 갈오대

분명 김생이 귀현한줄알고 능히 부형의 박두한 화를 구치아니하온즉 자모앞에서 칼에 업디여 죽을것이니 근심치말으소서

하고 인하여 일필을 들어 [二六]단찰에 가득이 쓰니 갈왓이대

첩이 이때것 죽기를 구차히 남과 [二七]면식을 가치함은 진실로 생각건대 첩의 한목숨이 죽은후면 [二八]군자의 신세 더욱가련하여 심회를 위로할길이 없으므로 천번생각하여 이에 이르러삽더니 이제 듣자오니 [二九]천되 소소하여 착한사람에게 복을 나리와 관위 높으시고 일신이 영귀하니시 옛적 처량함이 지금 융혁하온지라 첩이 일로조차 군자에게 허물을 면하올지니 첩은 [三〇]명되 기구하와 가홰 참혹하오니 한번 죽지아니하온즉 이회포를 풀지못하올지라 장차 부형의 실낱같은 명으로 더부러 종시를 한가지로하자 맹세하엿이니 연분이 이미 일우매 뜬구름과 가는물이라 천지일월이 알오심이 잇일진대 [三一]혹자 내세의 첩의원을 마칠가하오니 천만진중하오시고 [三二]광하세전으로 [三三]필문봉호를 잊지말으시고 [三四]주륜고아로 [三五]곤보할적을 잊지말으시고 [三六]금의수삼으로 [三七]폐의온포를 잊지말으시고 [三八]팔진성찬으로 [三九]악식소갱을 잊지말으시면 거의 천대앞에 첩의여혼의 바라는 뜻을 저바리지아닐가하나이다

쓰기를 다함에 창두로하여곰 나는듯이 김생에게 전하니라

이때 김생이 정히 [四〇]부중에앉아 일을 살피더니 홀연 부인의 서간을 보고 느끼는눈물이 옷깃을 적시는지라 [四一]익일에 [四二]조회를 파한후에 생이 관을 벗고 단계에 엎드여 알외되

원컨대 신의벼슬을 드려 [四三]조강을 보전코저하나이다

상이 그연유를 물으신대 생이 일일히 대하니 상이 위하야 [四四]동용하시고 생의 [四五]부옹의 죄를 없게하여 좋은따에 찬배하시니 생이 즉시 [四六]거마를 성히하야 부인을 맞아 [四七]흠사하신 갑제에 함긔 이르러 [四八]금슬지락으로 해로하고 [四九]빙모도 또한 생의집에 의지하야 여년을 마치니라

---

一. 금부禁府, 의금부義禁府, 왕王의 명命을 받아 추국推鞫하는 일을 맡아 보는 관아官衙.

二. 호두각虎頭閣.

三. 일위소년一位少年.

四. 분홍관대粉紅官帶.

五. 정종일품正從一品 쓰는 옥관자玉貫子, 환옥還玉.

六. 고관대작高官大爵.

七. 망상妄想.

八. 금오문金吾門, 즉 의금부문義禁府門.

九. 깔닥이는 금부조예禁府皁隷가 쓰는 것. 조예皁隷는 관아官衙의 하인下人.

一〇. 왕의王衣는 왕자王字로 수 놓은 옷.

一一. 벽제辟除, 통행금지通行禁止.

一二. 십쌍기수十雙旗手.

一三. 알도喝導.

一四. 초헌軺軒.

一五. 의표儀表, 의형儀形.

一六. 전도前導.

一七. 한 직방直房.

一八. 상위대감上位大監.

一九. 관향貫鄕, 그 득성得姓의 본향本鄕.

二○. 이조판서吏曹判書, 지의금겸知義禁兼, 어영대장御營大將, 동춘추同春秋, 동성균同成均, 사복장악사역司僕掌樂司譯, 내의內醫의 네 제조提調.

二一. 여합부절如合符節, 꼭 맞는 것.

二二. 일향냉대一向冷待.

二三. 일쌍육안一雙肉眼.

二四. 즉금화액卽今禍厄.

二五. 생육지은生育之恩.

二六. 단찰短札.

二七. 면식眠食.

二八. 군자君子, 그 남편을 이름.

二九. 천도소소天道昭昭.

三○. 명도기구命道崎嶇, 즉 운명이 험함.

三一. 혹자, 다행히.

三二. 광하세전廣厦細氈.

三三. 필문봉호篳門蓬戶.

三四. 주륜고아朱輪高牙.

三五. 곤보困步.

三六. 금의수삼錦衣繡衫.

三七. 폐의도포敝衣縕袍.

三八. 팔진성찬八珍盛饌.

三九. 악식소갱惡食素羹.

四〇. 부중府中.

四一. 익일翌日. 이튿날.

四二. 조회朝會.

四三. 조강지처糟糠之妻. 즉 빈한貧寒할 때 함께 고생하던 안해.

四四. 동용動容.

四五. 부옹婦翁, 장인丈人.

四六. 거마車馬.

四七. 흠사欽賜하신 갑제甲第, 나라에서 주신 훌륭한 집.

四八. 금슬지락琴瑟之樂, 내외간의 정이 퍽 좋은 것.

四九. 빙모聘母.

—청구야담靑邱野談 이二

# 배정승拜政丞

[一]안동 권뫼 경학과 행의로써 [二]도천에올라 [三]휘릉 참봉 참망하니 시년이육십이라 집이부요하되 새로 [四]상배하야 안으로 [五]응문지동이 없고 밖으로 강근지친이 없어 외로옴을 슳어하더니 이때 [六]김공우항이 [七]본릉별검이되야 마츰 [八]능녁이잇어 [九]합직터엿더니 일일은 [一〇]능군이 [一一]범초인을 잡아드리니 권공이 [一二]사리로 책하고 장차 [一三]태벌하려하더니 초인은 노총각이라 연연히 [一四]체읍하야 가히 알욀말이 없다하거늘 권공이 그기색을 살피니 상한이아니라 물오되

네 어떤사람고

총각이 갈오대

말삼하기 브끄러오니 [一五]소생이 잠영후에로 일즉 [一六]가엄을 여의고 편모의 금년이 칠십세오 맏누의 나이삼십오에 오히려 처녀로 잇고 소동의 나히삼십이로되 실가를 두지못하여 남매 나무하고 물길어 노모를 봉양하더니 집이 [一七]화소에 갓가온지라 극한을당하와 멀리나가 나무를 못하기에 자연 범하엿사오니 죄를아노이다.

하고

눈물이 비오듯하니 권공이 그언사와 모양을보매 측은이 너겨 김공을돌아보와 갈오대

정상이 [一八]가긍한지라 노와보내미 어떠하뇨

공이 갈오대

무방하도다

권공이 이로되

네 정세 심히 불상한고로 [一九]특방하노니 다시 죄에 범치말라

하고 미일두 [二〇]계일수를 주어 갈오대

이것이 약소하나 돌아가 노모를 공양하라

총각이 감사이너겨 갓더니 수일후 또범초에 [二一]현착한지라 권공이 크게 꾸짖은대 총각이 대성통곡하고 갈오대

성덕을 저바려 두번 죄를 범한줄 진실로아오나 노모의 치워하심을 차마 보지못하와 [二二]적설이 여산하온대 나무할곳이 업사와 죽기를무릅쓰고 범초하엿사오니 얼골 들따이 없나이다

一. 경북慶北, 안동安東.

二. 도천道薦, 경학經學과 행의行誼가 있는 이를 도민道民들이 조정朝廷에 추천推薦함.

三. 휘릉徽陵, 인조대왕계비仁祖大王繼妃인 장열왕후조씨莊烈王后趙氏의 릉陵, 양주楊洲 건원릉建元陵 서강西岡에 있음, 참봉參奉을 참망參望.

四. 상배상처喪配喪妻.

五. 응문지동應門之童과 강근지친强近之親.

六. 김공우항金公宇杭, 호갑봉號甲峰, 김해김씨金海金氏, 숙종肅宗 때 문과文科로서 우의정右議政까지 한 이.

七. 본릉별감本陵別檢, 별감別檢은 전설사典設司의 일직一職, 정팔품正八品.

八. 능역陵役.

九. 합직合直함께 숙직宿直.

一〇. 능군陵軍.

一一. 범초犯樵.

一二. 사리事理.

一三. 태벌笞罰.

一四. 연연涓涓히 체읍涕泣.

一五. 소생小生이 잠영후簪纓後, 예裔, 양반집 자손子孫.

一六. 가엄家嚴, 아버지.

一七. 화소火巢, 능묘해자陵墓垓字(경계境界 밖의 초본草本)을 불태워 버려, 야화野火를 방지防止해 놓은 곳.

一八. 가금可矜, 가련可憐.

一九. 특방特放.

二〇. 미일두米一斗 계일수雞一首.

二一. 현착見捉, 잡혀.

二二. 적설積雪이 여산如山.

권공이 그 정상을 측연이 너겨 차마 다스리지못하더니 김이 곁에잇다가 희미히 우어 갈오대

[一]두미와 척계 능히감화치못하나 다만 좋은도리 잇이니 과연 내말을 들으랴

권공이 갈오대

원컨대 듣고저하노라

김공이 갈오대

그대 상배하고 신세고단하니 총각의 매시에게 [二]재취함이 어떠하뇨

권공이 백수를 만저 갈오대

내비록 늙엇이나 근력이 가히 당함즉하도다

김공이 그뜻을 헤아리고 총각을불러 앞에갓가이하고 갈오대

저권참봉은 [三]충후한군재라 [四]가세요족하되 새로 상처하고 [五]사속이 업는지라. 너의 매시 [六]과년하엿이니 범절이 어떠한지 아지못하나 더브러 [七]성친한즉 너의집이 기리의탁이 될것이니 어찌 좋지 아니랴

총각이 갈오대

노뫼 잇사오니 가히 [八]자전치 못할지라
돌아가 노모께 상의하고 알외리이다

이윽고 총각이 김공에게 고하되

소동의 자친께 엿자온즉 말슴하시되 싀집이 대대 잠영으로 너의부친이 [九]조세하야 문운이 이제 극히 [一〇]쇠체한지라

비록 전세에 행치아닌일이나 [一一]폐륜에서 낫지아니하랴 눈물을나리시고 허하시더이다

김공이 대희하야 권공을 힘써 권하야 [一二]길일을 갈희여 [一三]안팟혼수를 찰혀 급히성례하니 과시 [一四]명가후예요 녀중 현뷔더라

---

一. 두미척계斗米隻雞.

二. 재취再娶.

三. 충후忠厚한 군자君子.

四. 가세요족家勢饒足.

五. 사속嗣續, 아들.

六. 과년過年, 혼인연기婚姻年期가 지남, 범절凡節.

七. 성친成親, 인친姻親이 됨.

八. 자전自專, 전담함.

九. 조세早世, 일찍 세상을 떠남. 운명門運. 집안 운수.

一〇. 쇠체衰替, 쇠함.

一一. 폐륜廢倫.

一二. 길일吉日.

一三. 신랑신부新郎新婦의 혼수婚需.

一四. 명가후예名家後裔요 여중현부女中賢婦.

일일은 권공이 김공을 보고 갈오대

그때 권함을 힘입어 [一]현처를 얻어니 복에넘치고 [二]긔하나히 육십이라 무엇을 구하리오 기리 고향에 돌아가려 하는고로 이별을 고하노라

김공이 물오되

[三]현합을 이미 [四]솔거한즉 그집[五]권속을 어찌 [六]구처하려하나뇨

갈오대

다 솔거하기로 정하엿노라

김공이 갈오대

심히 좋은일이로다

하고 인하여 작별하니라

---

一. 형처荊妻, 겸사하여 자기自己의 안해를 이름.

二. 기하記下, 남에게 자기自己를 낮추어 말함.

三. 현합賢閤, 남의 부인夫人을 이름.

四. 솔거率去, 거느리고 감.

五. 권속眷屬, 그 집 식구食口.

六. 구처區處, 처치處置함.

그후이십오년에 김공이 비로소 [一]당상하야 [二]안동부새되여 도임한 이튼 날 [三]한대민이 명함을 드리고 뵈기를청하니 이는 [四]전참봉권뫼라 김공이 비로소 휘릉에 [五]작료하던일을 기록하니 [六]연기팔십오세라 급히 맞으니 [七]동안백발이 막대도 집지아니하고 [八]표연이 들어와 앉거늘 바라보니 신선같은지라 손을잡아 [九]적년회포를 펴고 주찬을나아 관대하니 [一〇]식뵈어 전하더라 권공이 갈오대

민이 오늘 [一一]성주를 뵈오니 하늘이라 성주의 덕으로 [一二]만천에 현처를얻어 이자를 연하여 낳고 이제 [一三]해로하오며 [一四]양애 자라매 [一五]과공을힘써 외람이 [一六]사마를 [一七]연벽하와 명일은 [一八]도문하는날이라 성쥐마졸 [一九]본부에 임하시니 어찌 한번 [二〇]하림치아니시리잇가 민의 급급히 뵈옵기를청함은 이를 위함이니이다.

김공이 하례함을 마지아니하고 쾌히 허락하니 권공이 사례하고 가니라

---

一. 당상堂上, 정삼품正三品 관원官員.

二. 안동부사安東府使.

三. 대민大民, 지방地方의 문벌門閥 있는 이.

四. 권참봉權參奉.

五. 작료동관作僚同官.

六. 연기年紀.

七. 동안백발童顔白髮.

八. 표연飄然.

九. 적년회포積年懷抱.

一〇. 식보食補.

一一. 성주城主, 그 고을 백성이 그 고을 수령守令, 또는 자기自己 선산先山이 있는 고을 수령守令을 이름.

一二. 만천晩天, 만년晩年.

一三. 해로偕老.

一四. 양아兩兒.

一五. 과공科工.

一六. 사마司馬, 진사생원進士生員.

一七. 연벽聯璧. 형제兄弟함께 과거科擧에 합격合格함.

一八. 도문到門, 과거급제科擧及第하여 본집에 돌아 옴.

一九. 본부本府.

二〇. 하림下臨, 웃사람이 오는 것.

익일에 김공이 [一]기악과주찬을 가초와 권공의 집에나아가니 [二]산쉬수려하고 [三]화죽이 총잡한대 [四]누대은영하니 [五]참처사의 집이러라 주인이 문외에 나와맞으니 [六]문정이 빛이나고 [七]빈객이 구름못듯하엿더니 이윽고 [八]신은일쌍이 건넌산모통이로 돌아오니 [九]옥저소래 풍편에 [一〇]뇨량하고 [一一]백패는 전후에 서서 호비하는소래 일촌이 진동하더니 옥골소년이 앞서니 뒤서거니 [一二]복두원삼이 풍채 사람에게 쏘이더라

구경하는재 책책하야 갈오대

권공의 복녁이여

김공이 [一三]신래를 연하야 진퇴하고 그연기를 물은즉 맞은 나히 이십사세오 둘재는 이십삼세라

김공이 [一四]흠선함을 마지아니하고 주인의 깃븐빛을 가이웅킬지라 권공

이 [一五]좌상일인을 가르쳐 갈오대

> 성쥐 이사람을 알오시나니잇가 석일 휘릉범초인이니 금년이 오십오세로소이다

드듸여 풍류를 [一六]대작하야 종일 즐기니라 주인이 김공에게 [一七]유숙함을 청하여 갈오대

> 금일경사는 다 성주의 주심이니 성쥐 [一八]또봉필에 임하심이 하늘이니이다

김공이 마지못하야 머물어자고 설화를 미미히하나니 아츰에 권공이 주찬을나와 뫼서앉아 무슨말을 하고저하되 머뭇거려 감히 발치못하거늘 김공이 기수를알고 물오되

> 이를말이 잇느냐

권공이 갈오대

> 노체 평일에 성주를위하야 [一九]결초할 마음이잇더니 다행이 누지에 욕림하시니 한번 [二〇]존안을 뵈온즉 지한을 풀지라 녀재 체면을 생각지 아니하고 다만 [二一]각골감 은함이 [二二]용혹무괴하오니 원컨대 성주는 잠간 안에 행차하사 처의절을 받으심이 어떠하니잇고 또 성쥐 노처에게 덕이 천지같고 은혜 부모같사오니 무삼 혐의 잇이리잇가

김공이 마지못하야 주인으로더브러 안에 들어가니 [二三]청상에 포진하고 마자올려 부인이 나와 절하고 감격함이 극하매 도로혀 슯은 눈물이 [二四]양협을 적시고 또 [二五]양개소뷔 응장성복으로 부인의 뒤를따라 [二六]사배하니 그자뷔라 삼부인이 다 믁연이 뫼서앉아 [二七]그애대하는뜻이 안색에 나타나고 [二八]만반진수로 대접하더라

---

一. 기악妓樂과 주찬酒饌.

二. 산수수려山水秀麗.

三. 화죽花竹이 총잡叢雜.

四. 누대은영樓臺隱映.

五. 처사處士.

六. 문정門庭.

七. 빈객賓客.

八. 신은新恩, 신래新來, 과거科擧급제及第한 이.

九. 옥적玉笛.

一〇. 요량嘹亮.

一一. 백패白牌, 진사생원進士生員에 합격자合格者임을 쓴 백장지白壯紙, 호비는 호비呼婢, 즉 전방傳榜하는 사명使命이 와서, 하님여쭈오, 하고 찾는 것.

一二. 복두원삼幞頭圓衫.

一三. 신래新來위, 이왕 과거급제科擧 及第한 이가 신은新恩을 만나면, 신래위를 시기는 바 하인下人들로하여 그를 부액扶腋하여, 더멀리쥐쥐, 더이리쥐쥐 하며, 여내 진퇴進退시킴.

一四. 흠선欽羨.

一五. 좌상일인座上一人.

一六. 대작大作.

一七. 유숙留宿.

一八. 봉필蓬蓽.

一九. 결초結草, 죽어서라도 은혜를 갚는 것.
二〇. 존안尊顔.
二一. 각골감은刻骨感恩.
二二. 용혹무괴容或無怪.
二三. 청상廳上.
二四. 양협兩頰 두 뺨.
二五. 양개소부兩箇少婦.
二六. 4배四拜.
二七. 애대愛戴.
二八. 만반진수滿盤珍羞.

주인이 또김공을 [一]협방으로 청하거늘 가보니 나히 [二]겨오육칠치애 머리털이 나팔나팔하고 두손으로 문턱을 집고섯으니 노란눈으로 사람을 말고름이 보고 정신이 [三]약존약무하거늘 권공이 갈오대

> 이사람을 알으시나니잇가 이는 범초인의자당이니 금년이 구십오세요 그입속으로 하는소래 잇이니 성쥐 시험하야 들어보소서

김공이 귀를기우려 들은즉 다른소래아니라 다만 [四]김우항배정승 김우항배정승이라

그부인이 김공의덕을 잊지못하야 이십오년에 [五]주야축원이 여일 저모양으로 [六]구불정성하니 지성이 어찌 하늘을 감동치아니하리오

김공이 [七]이연이 웃고 [八]제인을 하직하고 돌아오니라

---

一. 협방夾房, 옆의 방.

二. 6,7세六,七歲된 치아稚兒.

三. 약존약무若存若無, 있는 듯 없는 듯.

四. 김우항배승상金宇杭拜丞相.

五. 주야축원晝夜祝願이 여일如一.

六. 구하절성口不絶聲.

七. 이연怡然.

八. 제인諸人.

—청구야담靑邱野談 삼三

# 한 무변武弁

[一]황해도 봉산따에 [二]한무변이 잇이니 성은니라

재산이 넉넉하고 성픔이 쾌활하여 은혜 플기를 깃거하고 사람으로 더브러 의심치아니하고 급함을 고하는재 잇으면 앗기는배없이 시행하니 일로써 가계 점점 패하여 가히 견대지못하나 그러나 풍신이 거록하기로 보는재 다 공명을 기필하리라 하더라

[三]초입사로 [四]선전관을 하엿더니 무승일로 [五]파직하고 여러해 [六]귀향하되 [七]정관이 오래에 [八]망치아니하는지라

무변이 그안해다려 일러 갈오대

> 내시골에 잇이니 벼슬이 스사로 오지아닐것이오 집이 이같이빈한하니 실로 일조에 [九]전우구학할념에 잇는지라 어찌 가탄치 아니리오 남은 [一〇]전장을 모도팔면 가히 사백여양이 될것이니 이것을 가지고 서울 올라가 [一一]구사하여 얻으면살고 못하면 굶어죽을것이니 내 이미 결단하엿노라

하고 드듸여 전토를 진매하니 과연 사백금이라 백금은 안해를 주어 [一二]생계를하라 하고 삼백금을 가지고 서울로 올라올새 건장한 [一三]창두와 [一四]준

총의 말이 사람의 안목을 용동하더라

[一五]벽제주점에 이르러 누어잘새 종이 바야흐로 말을 먹이더니 홀연 한 놈이 머리에 [一六]전립을 쓰고 몸에 의복이 선명한지라 처엄은 여어보더니 이윽고 종으로 더브러 말할새 뜻이 자못관곡하거늘 종이 [一七]기꺼 그소종내를 물은대 [一八]궐한이 갈오대

> 나는 [一九]병조판서댁 [二〇]사환이로다

무변이 잠간 그말을 듯고 블러 물으니 대답이 여전한지라 무변이 대희하여 갈오대

> 내 방장구사하여 서울로 가는길에 [二一]소망재 병판댁일러니 네 과연 병판댁 [二二]신임하는 노복인즉 능히 날을위하야 [二三]거산하랴 또 네 여긔 오기는 무삼일이뇨

궐한이 갈오대

> [二四]소인이 병판댁 으뜸종이되여 상전댁종이 많이 [二五]서관에 살기로 금방 명을 받아 종을걷우려하여 오늘날 발행하나이다

무변이 탄식하여 갈오대

> 너를 만나기 또한 쉽지아니한대 일이 공교하여 상위하게되니 어찌 주선할 묘책이 잇으랴

갈오대

그러하면 지이한일이 잇이니 청컨대 한가지로 성중에 들어가사이다 소인이 상전의 명을받고 하직한지 이미 여러날이로대 길일을 갈희여 발행하는고로 이제 비로소 나왓으니 상전이 반드시 아지못할것이오 이제 다시 나리를 위하여 주선한후 발행함이 늦지아니한지라 다만 아지못게라 행중에 가진것이 언마나하니잇고

갈오대

삼백금이로다

갈오대

겨유 가히쓰리라 하고

드듸여 따라 돌아와 [二六]니반을위하여 [二七]관사를 정하되 병판댁 근처에하고 주인에게 부탁하여 잘대접하라 하니 무변이 소견에 주인이 본대 이놈을안다 하고 더옥 믿더라

---

一. 황해도봉산黃海道 鳳山.

二. 무변武弁, 무관武官.

三. 초입사初入仕.

四. 선전관宣傳官, 시위侍衛, 전령傳令 등을 맡은 관원官員. 정삼품正三品으로 구품九品까지 있다.

五. 파직罷職.

六. 귀향歸鄕.

七. 정관政官, 전관이조詮官吏曹의 당상관堂上官과 병조판서兵曹判書.

八. 망望, 예전에 벼슬 낼 때 먼저 3인三人 후보자候補者를 뽑아 이를 비3삼備三望이라 하여 그 성명姓名을 써 바치면 상감上監님이 그 중中 한 사람 성명姓名 위에 낙점落點하여 임명任命함.

九. 전우구학顚于溝壑한 념念.

一〇. 전장田庄, 소유지所有地.

一一. 구사求仕.

一二. 생계生計.

一三. 종.

一四. 준총駿驄, 명마名馬.

一五. 고양군高揚郡 벽제관碧蹄館에 있는 주점酒店.

一六. 전립氈笠.

一七. 기자其者.

一八. 궐한厥漢.

一九. 병조판서兵曹判書, 병판兵判.

二〇. 사환使喚. 집의 심부럼군.

二一. 소망자所望者.

二二. 신임信任하는 노복奴僕.

二三. 주선.

二四. 소인小人.

二五. 서관西關, 황해黃海, 평안도平安道.

二六. 이반李班, 이씨무변李氏武弁.

二七. 관사館舍.

궐한이 집으로 돌아간지 수일이되도록 돌아오지 아니하거늘 무변이 혜오대 속앗다 하고 크게 의려하더니 이윽고 와보거늘 무변이 대희하여

[一]한왕이 도망하엿던 소승상을 얻은듯하여 물어 갈오대

네 수일은 어찌 오지아니하얏느냐

답왈

나리를 위하여 벼슬을 도모하노라니 어찌 가히 창졸간에 얻으리잇가 일처에 길이 잇으되 심히 긴절하니 마땅이 백금이라야 될러이다

무변이 급히 물은대 궐한이 갈오대

대감의 맛누의님이 [二]과거하여 아모동리에 잇이니 대감이 극히 생각하여 소원을 다들으시는지라 소인이 나리일로뼈 그댁에가 고한즉 하시기를 백금을주면 좋은 벼슬을 즉시도모하여 주마하니 나리 능히 앗기지 아니하시리잇가

무변이 갈오대

이돈은 전혀 이일을 위한것이니 무엇이 앗가오리오

하고 즉시 돈을 내여준대 종들이 의심하여 갈오대

나리님이 친히 가시지 아니시고 이놈을 내여주시니 어찌 간사함이 아닌줄 알으시나니잇가

무변이 갈오대

병판댁종일시 분명하니 어찌 가히 믿지아니리오

이튼날 궐한이 또와 갈오대

그댁에서 백금을얻고 심히깃거 즉시 대감게 말슴을 보내여 간청하니 대감말슴이 [三]산정에 [四]상당과잇거든 반드시 [五]수망에 넣어주리라 하시나 그러나 반드시 곁에서 돕는이 잇어야 일이 더욱 견고할것이니 아모고을 아모양반이 본대 대감께 친절하여 말하는바를 다좇앗이니 오십금을 또 주시면 반드시깃거 크게 힘을 쓰리이다

무변이 깊이 그러이너겨 주어보냇더니 궐한이 또와 희색이 만면하여 갈오대

대감께 한별실이 잇어 극히 총애하는중 또 아들을 낳으니 심히 숙성하고 기이한지라 첫돐이 머지아녓으나 사사 저축한것이 없어 심히 구간히 지나는지라 이때를 당하여 만일 한오십금을 주면 일이 가히 십분완전하리이다

무변이 또 오십금을 준대 궐한이 가지고가더니 즉시 돌아와 갈오대

별실이 과연 대희하여 마땅히 극력 주선하리라 하니 나리 좋은 벼슬하시기는 [六]비조즉석이라 맛당이 앉어 기드리소서 그러하나 관복을 예비아니치 못할것이니 또 오십금을 주어 장만함이 가하니이다

무변이 갈오대

이는 [七]단불가이라

하고 즉시 오십금으로써 궐한에게 부탁하여 장만하라 하엿더니 오라지 아냐 모립과 [八]쳔릭제구를 준비하여 왓으대 극히 빛나고 또 고은지라 무변이 대희하여 스사로써 하되 [九]유현덕이 제갈공명을 얻은듯 처엄의심내던 종들이 다크게 믿어 흔흔하여 좋은 벼슬이오는듯 하더라

一. 한왕漢王이 도망逃亡하엿던 소승상蕭丞相, 한왕漢王은 중국고대中國古代의 한고조漢高祖요 소승상蕭丞相은 소하蕭何.

二. 과거寡居, 홀어미로 사는 것.

三. 산정散政, 도목都目 이외以外에 임시臨時 관원官員을 임면任免하는 것.

四. 상당과相當窠, 상당相當한 과窠, 즉 관원官員 결원缺員이 있으면.

五. 수망首望, 첫째망望.

六. 비조즉석非朝卽夕, 즉일卽日.

七. 단불가이斷不可已, 꼭.

八. 모립帽笠과 천익제구天翼諸具, 무관武官의 복장服裝.

九. 유현덕劉玄德이 제갈량諸葛亮. 유현덕劉玄德은 중국고대中國古代의 촉주蜀主, 제갈량諸葛亮은 그 정승政丞.

무변이 이미 복색을가초고 즉시 명함을가지고 병판댁에 나아가 지낸 [一]이력과 계제를 가초 고하고 [二]애걸한대 병판이 다만 들을따름이오 종시 한말도 아니하고 블상히 너기는 빛이 없거늘 무변이 혜오대 중한 체통이 그윽한 일을 [三]조좌중에 사색하리오 하여 왓다가 그후 다시 가매 모든

무변으로 더브러 문안할따름이오 조곰도 관접하는뜻이 없더라 매양 [四]정사방목이 낫다하면 찾아보와도 저의 일흠과 글자도 같은재 없는지라 마음이 심히 조민하되 힘뻐 거간하는놈의 마음을 깃브게하여 오는 터에 주머니에 돈을내여 살진고기와 좋은술을 사 취하고 배부르도록 먹이니 남은돈 오십금이 거의다 [五]소중하엿는지라 무변이 자못 민망하여 궐한다려 물어 갈오대

네 날이 오래되도록 일점 [六]효혐이 없으니 그어인 길이냐

궐한이 갈오대

병판대감게서 어느날 나리를 잊으시리잇고마는 나리에서도 더긴한 사람이 잇고 또한 선후차례 잇사오니 어찌 몬저 참예하리잇가 그러나 위선 긴한사람이 다 벼슬하엿으니 후일 산정에는 대감이 나리를 아모벼슬에나[七]의망하신다 하오니시험하여 기다리소서

하더니 정사를 당하여도 또 소식이 없어 민망하여 하는차에 궐한이 와보고 갈오대

아모양반이 벼슬을 힘뻐 청하여 금번은 의망하려 하엿더니 블의에 아모대신게서 아모를 [八]청탁하시기로 블가블 시행한지라 세력자의 [九]소탈이니 어찌하리잇고 그러하나 또 유월 [一〇]도정이 머지아니하엿이니 [一一]아모마을 관원이 관황이 심히 풍족하다하니 소인이 이미 병판대감 매시댁과 아모양반과 또 별실에게 엿자와 여러히 합력하여 대감게 청하여 이미 쾌한 허락을 받앗이니 이번은결단코 어기지 아닐지라 또 기다려

보소서

무변이 一二반신반의하여 기드릴마음도 없고 재력도 이미 경갈한지라 과연 도정날을 당하여 그무변이 일즉이 이러나 노복으로더브러 좋은소식 잇을가 바라는눈이 뚜러질듯하여 아츰브터 오시지나고 一三신유시에 이르러도 一四이병비정새 이미 一五필도하도록 저의 성명은 적연이없고 궐한도 또한 一六현형하는배 없으니 그무변이 크게실심하고 노복에 비웃고 공논하는소래 귀에요란한되 감히 한말도 대답지 못하고 다만 궐한이 찾아오기만 기다리되 삼사일이지나여도 종시 현형하는일이 없으니 그무변이 완연이 의심을 크게내여 그주인을 블러 갈오대

병판댁 하인이 무삼일로 오래오지 아니하나뇨 네 이미 정친하면 어찌 블러오지 아니하나뇨

그주인이 대답하되

나는 본대 아지못하는 사람이라 제 스사로 말하되 一七병판댁노자라하옵기에 다만 그리알앗거니와 실상은 자세이 모로나이다

무변이 갈오대

과연 그러하면 네그집을

대답하되

또한 집도 모르나이다

---

一. 이력履歷과 계제階梯.

二. 애걸哀乞.

三. 조좌稠座, 조인광좌稠人廣座의 약어略語, 많은 사람이 앉은 자리.

四. 정사政事, 방목榜目, 정사政事는 관원官員을 임면任免 출척黜陟하는 사무事務, 방목榜目은 과거급제자科擧及第者의 성명姓名을 적은 목록目錄인데 이는 관원官員의 성명姓名을 적은 것.

五. 소비消費와 같은 말.

六. 일점효험一點效驗.

七. 의망擬望, 비3망備三望에 든 것.

八. 청탁請託.

九. 소탈所奪. 빼앗긴 바.

一〇. 유월도정六月都政, 도목정사都目政事, 이는 매년每年 6월六月, 12월十二月에 관원성적官員成績을 고사考査하여 출척黜陟을 행行함. 약칭略稱하되 도목都目, 도정都政, 별칭別稱하되 경찰京察.

一一. 모부某府, 아무 관아官衙.

一二. 반신반의半信半疑.

一三. 신유시申酉時, 저녁때.

一四. 이병비정사吏兵備政事. 즉 이조吏曹와 병조兵曹와의 정사政事.

一五. 필도畢睹. 다 보았음

一六. 현형現形, 뵈는 것.

一七. 노자奴子, 종.

무변이 주인의 말을 들은즉 더옥 마음이 블븥는듯하여 내심에 혜오대 무단한 도적놈에게 속은배되여 처자를 구학에 넣게되고 또한 一종족과 향당사람이 다 비웃고 꾸짖을듯하여 평생 二걸호하던 성풍에 어찌 견대리오 백단으로 생각하되 한번 죽어아조다시 생각지도 말옴이 마음에 쾌하다하고 그 이튼날 일즉이 이러나 바로 한강에가 의관을 다벗어놓고 크게 한소래에 믈속으로 들어갓더니 우연이 마음에 두려온 의새잇어 자연 [三]퇴촉하여 도로나와 생각한즉 절로죽기도 가장어렵도다 도로 들어와 이튼날 아츰에 술을취토록 크게먹고 머리에 사모를 쓰며 몸에 관대를 입고 바로종노가상으로 나가니 사람이 다 크게놀라고 해참이 너기거늘 그무변이 다른사람 맞아죽을 마음이 잇어 그중 용력잇고 건장한 사람에게 달라들어 발길을 날려 한번박차니 그사람이 한소래 지르고 엎더젓다가 이윽하여 이러나 급히 다라나거늘 진짓 따라가다가 밎지못하고 크게 개탄하고 또 둘러보다가 이사람 저사람에게 사면 달라들어 미치고 실성한 사람같이 헤지르니 큰길거리에 사람 하나히 없는지라 제비록 남의손에 맞어죽고저하나 그도 또한 얻지 못하고 날이 이미 저믈엇는지라 할일없이 돌아와 밤에 잠을 일우지못하고 다만 죽을마음뿐이오 다른생각이 없는지라

---

一. 종족宗族과 향당鄕黨, 집안과 고향 사람.

二. 걸걸함.

三. 퇴축退縮, 움추러짐.

내중에 또궁극히 생각한대 남의 내실에 들어가 남의처첩을 무단이 희롱하면 자연 맞아죽을 일이 잇이리라 하고 이튼날 아츰에 또 술을 대취하고 나가 바로 뉘집에 들어가 [一]중문안까지 들어왓으되 아모사람도 막는재 없는지 바로 대청에 뛰여오르니 과연 한점은부녜 잇이되 [二]연광이 거의 이십이 넘은지라 조곰도 경농하는 의새없고 서서히 물어 갈오대

어떠한 사람이완대 남의 내실에 돌입하느뇨

그무변이 대답지 아니하고 바로 그부녀의 손을 잡으며 머리를 어루만지되 조곰도 [三]뇌거하는배 없거늘 무변이 도로혀 괴이 너겨 물어 갈오대

너의 지아비 어데잇느뇨

그계집이 갈오대

남의 지아비 유무를 알아 무엇하며 세상의 저러트시 법을 모르고 미친사람이 어듸잇이리오 빨리 나갈만 같지못하다

하거늘 그무변이 갈오대

너는 아모커나 네지아비유무만 이르라 내 이[四]거조하는것이 실로 취한것도 아니오 [五]실성한일도 아니오 남의 여색을 취하려 하는일도 아니라 내 지극 통분한 정새잇어 이거조를 하노라

그계집이 갈오대

그대의 이른바 통분한 [六]정새라하는말은 무삼일이뇨

무변이 갈오대

내 벼슬이 본대 선전관까지 지나고 [七]낙사하여 시골가 사다가 또 구사

차로 여간전 토를 다팔아가지고 올라왓더니 흉한도적놈에게 속은배되여 허다가산을 다잃어바리고 결단코 죽어 모르고저하여도 스사로 죽을길이없고 남에게 맞아죽고저하여 여러번 이런행사를 지으되 종시 마음대로 되지못하여 오늘날 이거조를 하엿더니 또 녜가장이 없으니 대저사람의 죽기도 어렵도다

하고 탄식하거늘 그계집이 크게우어 갈오대

그대일이 실로 미첫도다 세상에 어찌 죽기를 이러틋 구하는사람이 잇이리오 그대 무변중 청환을 지내엇고 기골이 또저러틋이 준수하니 어찌 헛도이 죽을리잇이리오 나도 또한 지극한 정새잇어 비록 다른사람에게가 의지하고저하나 그도 용이치 못하여 하더니 마츰 그대를 만나니 이는 하늘이 주심이로다

무변이 갈오대

네 지극한 정사는 무삼말이뇨

그계집이 갈오대

나의 지아비는 본대 역관이러니 그본체잇는대 또 [八]나의미색을 탐하여 날을 [九]차실로 정한지 이미 사년이 되엿이되 본처의 투기 날로 심하여 이곳에 집을 사주고 역관인즉 상해 [一〇]권연하는 마음이잇이나 자연 종적이 희활하여 과거하는 모양과 다르지 아녀 지나더니 전년의 역관이 븍경에 들어가 무삼일이 잇는지 지우금 돌아오지 못하엿고 내홀로 [一一]공

방을 지키여 세상자미 돈연하고 다만 늙은 一二비자로더브러 지나니 나의 정새 실로 신산한지라 대저 사람이 세상에잇어 이러트시 지나는정사와 그대 도적놈에게 속아 스사로 죽고저하는 정새 무엇이 다르리오 내실로 다른사람에게가 이런고초를 격지아니려 하엿더니 우연이 신통한 기회를 만나니 이는 하늘이 우리두사람의 정사를 어엿비 너기심이라 원컨대 그대는 一三과렴치말고 내말을 들어라

무변이 오히려 죽고저하여 즐겨 허락지아니하거늘 그계집이 또 갈오대

대장뷔 어찌 이러한 기회를 잃으리오 원컨대 스사로 몸을사랑하여 평생을 그르게 말라

인하여 이끌고 방중에 들어가 주효를 받들어 친히 잔을부어 권하거늘 무변이 이미 그여색을 깃거하는중 또 그말을 감동한지라 취토록 먹은후에 인하여 그집에 머물어 부부지정을 맺고 화려한의복과 아람다온음식으로 지나니 당초죽고저하든 마음은 점점 一四소삭하고 一五생세지락이 점점 솟아나더라

---

一. 중문中門.

二. 연광年光, 연기年紀.

三. 뇌거牢拒, 굳게 막음.

四. 거조擧措, 동작動作.

五. 실성失性, 정신 잃음.

六. 정사情事.

七. 낙사落仕, 벼슬 떨어짐.

八. 미색美色.
九. 차실次室, 작은 마누라.
一〇. 상시 권연眷戀, 항시 연모戀慕함.
一一. 공방空房.
一二. 비자婢子, 계집종.
一三. 과념過念, 너무 걱정함, 과념의 전음轉音.
一四. 다 없어짐.
一五. 출세지락出世之樂, 세상 재미.

이윽고 一역관의 오는금월이 왓거늘 그계집이 무변다려 피하여 가라하되 그무변이 진짓 피치아녓더니 二어언지간에 역관이 이미 三고양참에 이르럿는지라 그가속이다 나가볼새 역관이 四본처다려 물오되

차실은 어찌하여 오지아니하엿느뇨

그안해 갈오대

근래 다른사람을 얻어 지나니 지금은 그대와 상관이 없나이다

역관이 놀라 물어 갈오대

이무삼 말이뇨

그안해 자세히 고한대 역관이 五노기대발하여 六배반을 밀치고 즉시 행장을 차려 재촉하여 찬칼을 날래게 갈아쥐고 빨리몰아 성에들어와 바로 그집에가 대문을 박차고 들어가 크게소래하여 갈오대

어떠한 흉적이 나의집에 들어와 나의[七]가속을 탈취하느뇨 빨리나와 내칼을 받어라

하는소래로 좇아 한사람이 영창을 밀치고 나오거늘 자시 보니 찬란한의복과 준수한면목이 실로 [八]훤훤장뷔라 가슴을 헤치고 흉복을 들어내여 [九]대소하여 갈오대

내 오날이야 죽을곳을 얻엇이니 아모커나 내가슴을 지르라

조곰도 두리는 빛이업는지라 역관이 자연 공구한 마음이 나 담이 떨리고 기운이 막히여 입으로 말을못하고 손에들엇던칼이 절로 떠러짐을 께닫지못하여 정신을 잃은듯 섯다가 어이없어 갈오대

그대 나의안해와 나의가산을 [一〇]임이로하라 나는 생심도 다시 알은체 아니하리라

하고 점즉이 물러가니라

---

一. 역관譯官, 역어譯語를 맡은 관원官員.

二. 어언지간於焉之間, 어느덧.

三. 고양참高揚站, 참站은 역로驛路의 중계소中繼所, 숙소宿所가 있다.

四. 본처本妻.

五. 노기대발怒氣大發.

六. 배반杯盤.

七. 가속家屬, 안해, 탈취奪取는 빼앗는 것.

八. 헌헌장부軒軒丈夫, 의기意氣가 준수한 사내.

九. 대소大笑.

一〇. 임의任意, 맘 대로.

그계집이 처음은 황황하여 장속에 숨엇다가 그제야 도로나와 무변다려 이르되

> 저러틋 용렬한사람이 다시 어찌 하리오마는 그러나 여긔서 오래 살기 어려오니 빨리 감만같지 못하다

하고 바로 [一]누상에 올라가 큰궤를 열어 [二]천은 삼백량을 내여 갈오대

> 이것이 본대 나의부친이 날을위하여 주신배러니 다행이 이제를 당하여 가져가리라

하고 또 함능을 열고 허다 [三]패믈과 [四]금수의복을 다내여 노복을명하여 [五]마필에 실으니 무변은 그계집을 다리고 도로 황해도 봉산따으로 가니라

---

一. 누상樓上, 다락 위.

二. 천은天銀, 품질品質이 좋은 은銀.

三. 패물佩物.

四. 금수의복錦繡衣服.

五. 마필馬匹, 말바리.

—청구야담青邱野談 사四

# 축관장逐官長

[一]호람따에 한원이잇어 [二]정녕이 [三]엄급하고 [四]형벌이 혹독하니 사람이 다 황황하야 조석을 보전치 못할듯하더니

---

一. 호남湖南, 호남, 호람이라고도 함.

二. 정령政令.

三. 엄급嚴急.

四. 형벌刑罰.

일일은 [一]수리 [二]관속을모와 꾀하여 갈오대

관가의 [三]정새 [四]전도하고 형벌이 잔혹하니 관가에 하로잇음이 진실로 열을해 되는지라 만일 여러해를 지난즉 비단 우리무리 남아지 없을분아니라 [五]일읍이다 흩어지리니 이러고 어찌 고을이 되리오

드듸여 쫓기를 꾀할새 그중에 [六]한아전이 갈오대

[七]여차여차하면 어떠하뇨

모다 갈오대

[八]이계괴 가장 묘하다

하야 [九]난만상확하더니

하로는 그원이 [一〇]조사를 받은후에 마츰 공새없어 홀로앉어책을 보더니 [一一]블의에 작은 [一二]통인이 앞에나아와 손을들어 빰을 치니 그원이 본대 성이 조급하여 분함이 [一三]팽중한지라 영창을 밀치며 [一四]서안을 박차 크게 소래하여 통인을 블러잡아나리라한대 모든통인이 [一五]면면상고하고 하나토 영좇는재 없거늘 또 [一六]급창이와 [一七]사령배를 부른대 다 대답지아니하고 입을가리고 우어 갈오대

어찌 통인이 안젼주의 빰을 치리잇가

원이 분하고 급하여 창을치며 어즈러이 꾸짖이니 [一八]기재 황잡하고 [一九]언어도착하여 미쳐 말을 바로 못하는지라 통인배 [二〇]책실에 고하여 갈오대

[二一]안젼쥐 홀연 병환이나서 능히 안정치 못하시고 [二二]광기대발하엿다

하거늘 그자녜와 책방이 창황이 올라온즉 그원이 앉으락 이러나락하며 혹 손으로 서안도 치며 혹 발로창도 박차며 [二三]동지 만분 수상하더니 그자제와 책방이 올라옴을 보고 그통인의 빰치든일과 관속의 거역하던일을 말할제 분기충천하여 말이 차례없고 또 [二四]심홰 대발하여 안청이 다븕

고 온몸에 땀이흐르며 입에 거픔이 흐르니 이모양을보매 미친병 발함이 십분의심이없고 또 통인의 일로 말하여도 이미 二五목도한배없고 덧덧한 이로써 말할지라도 그럴일이 없을듯하여 드듸여 종용이 고하여 갈오대

아버지 평안이 앉으사 성정을 나초소서 통인배 비록 二六몰지각하여 인새없으나 어찌 이러할이 잇이리잇가 병환이신듯하와이다

그원이 더옥 분노하여 크게 꾸짖어 갈오대

네 내자식이 아니로다 네 통인배를 위하여 원정코저하느냐 급급히 나가 다시 현형치 말라

그아들이 이에 읍중 의원을 청하여 진맥하고 약드리기를 청한대 그원이 막아 갈오대

내 무삼병이잇어 약을 먹으리오

하고 의관을 꾸짖어 믈리치고 종일토록 실성한 사람같이 하니 二七책방이해 다 참병환으로 아니 뉘 다시그말을 二八신청하리오

---

一. 수리首吏.

二. 관속官屬.

三. 정사政事.

四. 전도顚倒, 꺼꾸러짐.

五. 일읍一邑, 온 고을.

六. 아전衙前, 지방관속地方官屬.

七. 여차여차如此如此, 이렇게 하라는 것.

八. 꾀.

九. 난만상확爛漫商確, 흠뻑 의논함.

一〇. 조사朝仕, 관속官屬이 아침마다 그 수관首官을 뵈는 것.

一一. 불의不意, 뜻밖에.

一二. 통인通引, 지인知印, 원님 앞의 심부름 하는 아이.

一三. 팽중弸中, 북바치는 것.

一四. 서안書案.

一五. 면면상고面面相顧, 서로 보고 말이 없는 것.

一六. 급창及唱, 관아官衙의 하인下人.

一七. 사령使令, 관아官衙의 사역使役.

一八. 기자其者.

一九. 언어도착言語倒錯.

二〇. 책실冊室, 책방冊房, 원님 보좌補佐하는 이.

二一. 안전주案前主, 즉 원님.

二二. 광기대발狂氣大發.

二三. 동지만분動止萬分.

二四. 심화心火.

二五. 목도目覩.

二六. 몰지각沒知覺, 아무 지각이 없는 것.

二七. 책방이하冊房以下.

二八. 신청信聽, 믿어 들음.

오날 이러틋하고 또 명일 이러틋하야 자기를 잊고 먹기를 폐하여 참 광증이 되니 [一]관가읍촌이 모르는재 없더라 [二]감새 듣고 즉시 [三]장파하니 부득이 [四]치행하여 [五]상경할새 지나다가 감사를 본대 감새 물어 갈오대

들어니 [六]신절이 잇다하더니 지금은 어떠하뇨

그원이 갈오대

참 병들미 아니라

하고 바야흐로 그[七]사단을 내려하거늘 감새 믄득 손을저어 갈오대

그증세 다시 발한듯하니 속속히 나가라

한 대 감히 말을 다시 못하고 믈러 [八]하직하고 그집에 돌아와 고요히 그때일을 생각하고 분을 이기지못하야 조곰 발설코저하면 믄득 [九]구병이 복발하므로 돌려 의관을 청하여 약을 물으니 마츰내 구두에 올리지못하더니

---

一. 관가읍촌官家邑村.

二. 감사監司.

三. 장파狀罷, 수령守令이 무슨 허물이 있으면 감사監司가 장계狀啓하고 파면罷免시킴.

四. 치행治行.

五. 上京, 서울로 감.

六. 신절愼節, 병환病患.

七. 사단事端, 사건事件의 단서端緖.

八. 하직下直, 아랫사람이 웃사람에게 떠나 감을 고하는 것.

九. 구병舊病, 본병.

[一]쇠로지경에 이르러 뼈하되 이젠즉 해오라고 나히 늙어 이미 [二]선천새 되엿이니 비록 다시 [三]발설하나 어찌 구병에 돌리리오 하고 이에 모든아들을 모와 말하여갈오대

내 아모해 아모고을 갓을제 통인이 빰친일을 이제가지 광증으로 아는다

모든아들들이 [四]악연이 서로 돌아보와 갈오대

아버지 이병환이 오래 발치아니하시더니 이제 홀연이 다시 발하시니 이를 장차 어찌하리오

하고 근심하고 [五]민박히 너기는 형상을 두거늘 그사람이 감히 다시 말을 못하고 인하여 크게 웃고 그쳐 몸이 맞도록 분을 품엇다가 종시 그말을 밝히지 못하엿다 하더라

---

一. 쇠로衰老, 늙어서.

二. 선천사先天事, 지낸 일.

三. 발설發說, 말함.

四. 악연愕然, 깜짝 놀라는 것.

五. 민박悶迫, 딱함.

—청구야담靑丘野談 팔八

要路院夜話記
外十二篇

臨時定價一二〇圜

四二八二年五月一〇日初版發行
四二八六年七月一五日再版發行

著 者 李 秉 岐
發行所 乙酉文化社
臨時事務所 釜山光復洞一街六一
(4283年11月 1日 · 登錄43號)

【協進印刷公司 印刷】

# 어우야담於于野談

민족문학총서民族文學叢書 4

# 어우야담於于野談

이병기李秉岐 교주校註

『어우야담』(이병기 교주, 국제문화관, 1949)
표지 사진

국제문화관판國際文化舘版

## 일러두기

1. 『어우야담於于野談』(이병기 교주, 국제문화관, 1949.)의 원문은 한글(한자)로 병기되어 있다. 한글이 병기되어 있지 않은 주석과 「해설解說」의 한자어는 가독성을 높이기 위해 한글을 병기하였다.

## 목차

# 어우야담於千野談

## 1. 김장군의 육기특六奇特

김장군金將軍 [1]응하應河의 자字는 경희景曦니 강원도 철원江原道鐵原 사람이라. [2]만력을사萬曆乙巳에 무과武科를 마쳐 선전관宣傳官을 말미암아 경원판관慶源判官을 하니 육진六鎭은 가솔家率이 가지 못하는지라 흑이 말하되 귀가에 딸이 잇이니 나히 졈고 얼골이 고아 가히 점복占卜하여 첩妾 삼음즉 하다 하거늘 장군이 무연憮然이 사양하야 갈오대

> 외吾 가빈家貧하니 귀가녀 기르기 쉽지 아니하여 대접하기를 안해 같이 하면 명분名分이 분란하고 천히 첩을 대접하면 반드시 노할지다 대범大凡 사람의 복이 포백布帛의 폭幅수 척촌尺寸이 잇는 것 같하야 정한定限이 잇는지라 첩을 인연하여 부귀함이 장부의 사람다온 일이 아니라 하더라

[3]정사丁巳의 염질染疾을 앎아 장찻 죽게 되니 그 벗이 냉약冷藥을 가지고 크게 불러 갈오대

그대 일즉 나라해 죽기를 자허自許하더니 이제 한 병을 인하야 적막히 죽으면 뉘 알재 있이리오

장군이 눈을 부릅뜨고 세 사발을 마셔 이에 살아나니라 [4]무오戊午의 병조판서兵曹判書 박승종朴承宗이 친상親喪을 만나니 장군은 그 인쳑이라. 고양高陽따헤 회장會葬할새 안으로서 [5]중사中使를 보내여 호상하니 혹이 장군을 권하야 접대하라 하여 갈오대

증관이 그대 호풍好風을 보면 반드시 [6]기리리라

장군이 위연喟然탄식 하여 갈오대

바라는 것이 잇어 [7]고자鼓子를 관접款接함이 사대부士大夫의 일이 아니니 홀로 만음에 부끄럽지 아니하랴

하니 좌객이 다 이상이 녀기더라 가을에 [8]건쥐建州 오랑캐 [9]노라치 천조天朝, 中國에 범순犯順하니 아국我國 군사를 부를새 장군이 조방음助防將으로써 인하야 선천군수宣川郡守 되야 갈지라 행하기를 님하야 군관 오헌軍官·吳憲다려 일러 갈오대

밤의 꿈을 꾸니 내 머리 도적에게 베힌배 된니 내 맛당이 도적을 많이 죽이고 헛도이 죽들 아니할 것이니 그리 알라

하고 활 둘과 살 백을 차고 행하니 제장이 다 겁怯한다 이르더라

[10]긔미 삼월 삼일己未三月三日에 [11]천병 삼만三萬이 노지 심하虜地深河에 이르러 부락 전군部落全軍이 몰沒하고 우리 군사 좌우영左右營이 또한 차레로 패륙敗衄하나 [12]교유격喬遊擊이 진陳 우흐로 좇아 장군의 싸홈을 보고 손을 치며 탄식하야 갈오대

평지平地의 보병步兵으로써 철긔鐵騎에 당하기를 이렇게 하니 귀국 군사는 강용하기 이를것이 없다

하고 일칸기를 남음이 없이 하더니 오라지 아니하야 큰 바람이 홀연이 이러나 총과 화약이 흩어저 철환鐵丸을 놓지 못하니 적병이 타 우리 군사를 크게 파하니 장군이 말게 나려 홀로 버드나모 아래 의지하야 활을 쏘면 반드시 도적을 마쳐 활시위를 응하여 다 거꾸러지고 몸에 중한 갑옷을 입엇는대 살 맞기를 고숨도치 털 같으되 오히려 동치 아니하더라 살이 이미 진하매 장검長劍을 가쳐 처 죽인배 무수하니 칼 자루이 세 번 부러지매 세 번 바꼬아 치더니 홀연 한 도적이 뒤흐로 쫓아 창으로 질러 따헤 엎더지니 칼이 오히려 손에 잇더라 그 후에 사로잡혓던 사람이 도망하여오는 재 다 이르되 오랑캐 서로 말하여 갈오대

버드나모 아래 한 장군이 웅용雄勇이 무쌍하야 조선에 만일 이런 두어 사람이 잇으면 가히 대적지 못하리라

하더라 하고 또갈오대

오랑캐 장수將帥 천병과 조선군사 죽은 자를 거두어 묻을새 날이 오라

지 안야 죽엄이 다 상하되 오직 버드나무 아래 한 죽엄이 안색이 산 듯 하고 올흔손에 칼을 잡아 빠힐 길히 없으니 곧 장군이라 오랑캐 그 죽엄을 쏘아 눈을 맞치니 대개 오랑캐 군사 만히 죽임을 한恨함이라

하더라 이 몬저 홍립弘立이 오랑캐 역관譯官 하세국河世國을 노중虜中에 보내엇더니 몬저 [13]통사通事를 불러 그 싸홈을 부치고 홍립弘立으로 더부러 항복고저 하니 장군이 듣고 더욱 노하야 노병시살虜兵厮殺 하기를 여구如舊히 하더라

조정이 그 절의를 아름다이 너기사 [14]병조판서兵曹判書를 추증追贈하고 천조天朝사람 왕래하는 거리에 사당祠堂을 세우니 크고 아름답다 장군의 충의忠義여 큰도적이 영營을 눌러 많고 적음이 현수懸殊하되 조용히 진陳쳐 긔旗를 날리며 싸홈을 재촉하니 한 기특함이오 오랑캐 군새 통사를 불러 뜻이 하회함에 잇이되 못 드른체 하고 종시 힘써 싸호니 두 기특함이오 말게 나려 남게 의지하여서 반드시 죽기를 뵈고 수천군이 혈전血戰하여 항복지 아니함이 세 키특함이오 손 가온대 장검長劍을 죽어도 놓지 아니하니 네 기특함이오 다시 이러나 도적을 죽일 듯 하니 다섯 기특함이오 방춘芳春 더온 날에 죽은 살이 썩지 아니하야 노기발발怒氣勃勃하야 사랏는 듯 함이 여섯 기특함이라 [15]영상박승종領相朴承宗이 전傳을 지어 포장하니라

註—

1. 김응하金應河: 자字 경경景曦 안동인安東人 고려高麗 명장名將 김방경金方慶 후손後孫 선조조인宣祖朝人
2. 만력을사萬曆乙巳: 선조宣祖 38년三十八年
3. 정사丁巳: 광해군光海君 9년九年

4. 무술戊午: 광해군光海君 10년十年
5. 중사中使: 왕명王命을 전傳하는 내시內侍
6. 기리다: 송頌하다
7. 고자: 중사中使를 일컬음
8. 건주建州: 열하熱河 조양현朝陽懸에 있음
9. 노라치: 청인淸人을 이르는 것
10. 을미己未: 숙종肅宗 5년五年
11. 천병天兵: 중국병中國兵
12. 교유격喬遊擊: 명인교明人喬 일기一琦
13. 통사通事: 통역관通譯官
14. 병조판서兵曹判書: 병부대신兵部大臣 정이품正二品 벼슬
15. 영상領相: 영의정領議政의 별칭別稱

## 2. 지번의 비선飛仙 노름

[1]니지번李之蕃은 높은 선배라 [2]공헌대왕조恭憲大王朝에 벼슬하야 [3]사평司評이 되엇더니 때에 [4]윤원형尹元衡이 천권擅權하야 하여곰 비리非理로 송사결단訟事決斷을 하고저 하거늘 벼슬을 바리고 도라가 집을 단양丹陽 따 강우헤 짓고 정신을 수양하니 사는 바에 밝은 빛이 집에 나더라

열읍列邑에서 먹이는 것을 다 사양하야 받지 아니하고 집에 한 푸른소 잇이니 두 뿔 사이가 팔구촌이나 하니 [5]상해 타고 강상에 두루 놀더니 일일은 적설積雪이 만산滿山이라 청우를 타고 산에 올라 귀경하되 좇는 재 없고 다만 한아해 소 몰고 좇더니 번이 청흥淸興을 이기지 못하여 동자를 도라보와 갈오대

네 또한 이 즐거움을 아느냐
소인은 치워 즐거온줄 모르나이다

그 아들 산해山海 명뉴名流에 서로 사랑하는배 되어 공을 권하야 [6]단양수丹陽倅 되엇더니 두 언덕 사이 쌍봉이 대하여 높은지라 [7]비선飛仙 노름을 하고저 하야 츩동아줄을 송사訟事하는 백성에게 구하여 두 봉 사이에 건너 매고 나는 학의 거동을 지어 사람이 그 우헤 앉고 고를 매여 들고 왕래하야 공중에 나는 듯 하니 백성이 바라보고 신선 같이 너기더라 미기未幾에 [8]과만하고 도라간지라 후에 최공崔公이 그 소임을 대신하여 관고官庫가온대 들어가 보니 한가지 거둔 것이 없고 츩동하줄이 가득히 찻더라

**註二**

1. 이지번李之蕃: 자字 형백馨伯 호號 성암省菴 한선인韓山人 토정土亭 지함지형之菡之兄 인조조인仁宗朝人
2. 공헌대왕恭憲大王: 명종明宗
3. 사평司評: 장예원掌隷院의 정이품正二品 벼슬
4. 윤원형尹元衡: 자字 언평彦平 파형인坡平人 문정왕후文定王后의 동복형제同腹兄弟 중종조인中宗朝人
5. 상해: 상常내, 늘
6. 단양수丹陽倅: 단양丹陽 고을 원님
7. 비선飛仙노름: 나는 신선神仙노름
8. 과만하고: 과만瓜滿하고 만기滿期된 것

## 3. 토정수민기업土亭授民其業

[1]니지함李之菡이 유민流民이 해여진 옷으로 빌어 먹음을 불상히 너겨 주린 백성을 위하야 큰 집을 지어써 드리고 수업手業으로써 가르칠새 사농공士農工을 [2]낯하여 이르고 귀에 익들 아님이 없어 각각 그 의식衣食을 넉넉히 하고 가장 무능한 자는 많이 짚을 주어 하여곰 집신을 짓게 하여 친히 그 역사를 가르쳐 일일의 능히 열켜래 신을 일우는지라 [3]저자에 팔면 일일의 공이 한말쌀을 판비辦備하고 그 남는 것을 밀위여 옷을 일우니 수월 사이에 의식이 다 요족饒足하나 그 괴로옴을 이기지 못하야 도망하는재 잇이니 일로써 보건대 더욱 민생이 게어름을 인하야 주림을 볼러라 비록 피륙疲癃하고 백무일능자百無一能者라도 스스로 짚신삼지 못하는이 없으니라 지함의 백성 근효近効 가르침이 이러하더라

註三

1. 이지함李之菡: 자字 형중馨仲 호號 토정土亭 목은牧隱 후손後孫 선조조宣祖朝人
2. 낯하여: 면面하여
3. 저자: 시전市廛

## 4. 산맹식대망山氓食大蟒

한 산맹山氓이 [1]무무貿貿하고 무식하야 사람의 집에 붙이어 품팔더니 봄을 당하야 염병染病하야 달이 지난후 이러나 뫼헤 나모 하더니 뫼불이 처엄에 붙어 단향기 바람을 따라 이르러 오거늘 그 향취香臭를 찾아 [2]골 가온대로 들어가니 [3]대망大蟒이 타 죽어 재 가온대 흰살이 반은 터져 꽃

다온 내 가득한지라 병한 끝에 주렷다가 춤홀림을 깨닫지 못하야 네녁흐로 도라보니 사람을 보지 못할지라 이에 막대를 부를질러 저를 하여 그 피부를 열고 보니 살이 희기 눈 같은지라 시험하여 맛보니 [4]진짓 기절奇絶한 맛이라 도라가 염장鹽醬을 취하야 싸다가 가만히 그윽한 곳에 두고 누일屢日을 먹더니 바야흐로 진하매 오래지 아니하야 빽 우헤 승승하야 종긔 호도胡桃만하더니 써 헤치니 다른 것은 없고 붉은 이가 사오승四五升이나 되는지라 인하야 염장으로써 씻이니 쾌히 나은지라 일로부터 종신토록 이 없고 다만 낯이 누르고 붉은 빛은 적더라

**註四**

1. 무무貿貿하고: 무식無識하고
2. 골: 골자구니
3. 대망大蟒: 이무기, 구렁이
4. 진짓: 참으로

## 5. 무부武夫의 뱀회

서울 선배 인사因事하여 북도 가다가 점심을 덕원德源시내 우헤서 하더니 한 무부武夫를 만나니 용뫼容貌 심히 넉넉하고 위인이 관대한 장재라 추솔追率이 많고 안마鞍馬 극히 번화한지라 또한 시내 우헤 쉬여 장막帳幕을 베플고 먹더니 인하야 더부러 [1]치관하고 이윽하여 무부의 종재 이르러 어회魚膾를 나오는듸 결백하고 열기 매양의 날개같은지라 선배를 권하여 한가지로 먹어 각각 두어 그릇을 다하였더니 이튿날 또 문천汶川숫막에 이르러 무뷔 몬저 가 막내에 앉앗더니 막후로부터 회나오기 여전하

니 다 먹고 파하엿더니 고원高原 이르러 또 여전히 하더라

선배 인편因便하여 마참 막후에 갓다가 배얌의 머리와 배얌의 겁질이 낭자히 잇임을 보고 괴이히 너겨 그 종자더러 무론즉 종자 갈오대 무부의 종이 시내 다리 아래 업드려 풀닢을 따 부러 소래를 낸즉 큰 배얌이 다리 아래 좇아 나오니 노흘이 끝어 그 목을 매어 잡아 막후로 들어오거늘 어데 쓰랴 하나니 무른즉 갈오대 써 약하련노라

하거늘 딸오고저 한 대 다 꾸짖더라 한 대 선배 비로소 깨치니 엇그제 회가 고기 아니오 배얌이로다 하고 드대여 욕욕히 토하고 일로부터 동행을 아니하니 대개 무뷔 [2]음창陰瘡이 잇어 이것이 아니면 조흔 약이 없음이러라

**註五**

1. 치관하고: 접대接待하는 것
2. 음창陰瘡: 음부陰部에 나는 부스럼

## 6. 임서인臨庶人과 순화군順和君

님서인臨庶人이 개와 닭과 게우 오리 비들기 치기를 조화하야 그 쉬 각각 수천백이니 날마다 곡식 누십석식 허비하는지라 매양 동북童僕으로 하여곰 모라 쌀저자에 사드린 곡식을 먹이고 혹 하나흘 잃으면 십배를 믈리니 동복이 인하야 시인市人에게 사핵 하기를 마지 아니하더라 오리 사시四時에 알흘 낳는 것은 일홈하야 사시압四時鴨이라 하는 것이 누백이라

임서인의 [1]아이 순화군順和君이 성품이 잔잉하야 죽이기를 좋와하고 또 풍병風病 들어 사람을 무수히 해하는지라 그 오리를 날마다 오십식을 쳐 먹기를 수일재 하니 서인이 슬회여 하되 감히 말을 못하는지라 그 집에 잇는 재 갈오대

대감大監의 위엄이 일국에 행하야 사람이 무서워 아닐 재 없는지라 저 순화군 은 아이라 어찌 감히 날마다 오리 먹기를 이 같이 하리오 어찌 친히 가 다래지 아니하나뇨 님서 인이 가니 순화군이 문에 맞아 집에 을려 절하여 갈오대

> 대감이 즐겨 불초不肖에게 오시도다

하고 시비를 명하야 잔을 드릴새 [2]진수방장珍差方丈이라 님서인이 말을 미처 못하야 순화군이 몬저 청하야 갈오대

> 제의 집이 가난하야 타는 말이 없더니 들으니 대감게 연전총連錢總이 잇다 하니 원컨대 대랑피황동안장大琅皮黃銅鞍裝을 갖호아 제를 주소서

님서인이 준순浚巡하고 다른 말로 막자르더니 순화군이 무릅 아래서 보검寶劍을 내니 날이 해에 비최는지라 어루만지면 두세번 고청固請하니 님서인이 마지 못하야 허락하고 물러와 마참내 그 오리 도라보내기를 청치 못하고 연전총에 보안을지어 주엇더니 님서인이 패함에 총 멘 군사 문을 막고 궁宮을 에움에 모든 즘생이다주려 산영개게 죽은배되니라

순화군은 사람 죽이기를 마지 아니하니 선왕先王이 궁문 밖에 가도시기 잦은지지 약간 글자를 아더니 하로란 글을 써 지킨 [3]아전衙前을 뵈여

갈오대

호집이 높이 솟앗는대 [4]팔풍이 기리 부니 얼어 죽기 정녕하도다

아전이 상上게 드린대 상이 불상이 녀기사 놓아겨시더니 명년에 죽으니라

**註六**

1. 아이: 아우
2. 진수방장珍羞方丈: 진찬珍饌이 많은것
3. 아전衙前: 마을의 속료屬僚
4. 팔풍八風: 팔방八方에서 부는 바람

## 7. 시습時習이 최연崔演을 버림

[1]최연崔演자는 강능江陵 사람이라 [2]김시습金時習이 중이 되어 [3]설악산雪嶽山에 숨엇다 말을 듣고 동지소년同志少年 오륙인으로 더부러 좇아 놀며 배호기를 청하니 시습이 다 사양하고 홀로 연으로써 가히 가르쳠즉 하다 하여 반해를 머무러 두어 사제師弟의 도를 다하야 자나 이러나나 곁을 떠나지 아니하더니 매양 달이 높고 밤이 깊으면 시습의 간 바를 잃으니 침석寢席이 뷔엇는지라 연이 마음에 이상히 너겨 감히 딸오지 못하고 찾지 못하엿는지 여러번이러니 하로란 밤이 깊고 달이 또 밝은지라 시습이 옷 입고 관 쓰고 가만이 나가거늘 연이 멀리 그 뒤를 따라 한 구렁과 한 영嶺을 넘어가 수풀 깊은 데서 바라보니 영 아래 큰 반석이 잇이니

평하고 넓기 가히 앉음즉 한지라 두 객이 잇이니 어듸로 좇아 온줄을 아지 못할러라 서로 읍揖하고 돌 우헤 앉아 말하니 멀어 능히 그 말을 듣지 못하는지라 오래게야 흩어지거늘 연이 몬저 도라와 자던듸 누엇기를 전과 같이 하엿더니 이튼날 시습이 연더러 일러 갈오대

처엄에 너로써 가히 가르쳠즉 하다 하엿더니 이제야 그 번조煩躁함을 깨달앗이니 가히 가르치지 못하리로다

드듸여 하직하니 마참내 그 곳을 아지 못하고 더브러 말하던 자는 사람인지 신선인지 아지 못할러라

**註七**

1. 최연崔演: 자字 연지演之 호號 간제艮齊 강릉인江陵人 중종조인中宗朝人
2. 김시습金時習: 자字 열경悅卿 강릉인江陵人
3. 설악산雪嶽山: 강원도江原道 인제군麟蹄郡에 있는 산山

## 8. 노령蘆嶺에 사오나온 개

[1]노령蘆嶺은 절라도 장성長城 따헤 잇이니 영아래 사람이 잇어 [2]산영하기로써 업을 삼을새 집에 수무나믄 개를 기르더니 하로란 크계 취醉하고 짐에 도라오니 집사람이 다 전묘田畝에 가고 없는지라 크게 취하야 화로 앞에 거꾸러젓더니 옷이 불에 다아 점검 몸이 타니 고기 익는 내 집에 가득한지라 뭇개 모혀 먹어 다한지라 집사람이 도라와 보고 놀라오며 설워 뭇게를 박살搏殺하니 그 중에 개 오륙이 빠져 산중으로 들어가니 입에 사람의 고기를 맛보앗는지라 사람 잡아 먹기를 생각하여 노령 수풀 가온대 숨엇다가 사람이 홀로 지나감을 보면 뭇개 내달아 무러 끄으러

수풀 가온대로 드려 먹어 날마다 써 덧덧함을 삼으니 고을 사람이 근심하여 중衆을 모화 멸하니라

**註八**

1. 노령蘆嶺: 전라도全羅道에 갈재
2. 산영: 산행山行의 전변轉變 사냥

## 9. 초식草食

동해東海에 저근 고기 잇이니 전혀 흰지라 풍파를 따라 언덕 우헤 밀리니 거민居民이 취하야 먹는지라 아국북도승속我國北道僧屬이 이름하여 갈오대 초식草食이라하야 먹기를 꺼리지 아니하는자라

마참 지나는 중이 잇어 북에 들어 가니 거승이 백어탕白魚湯을 사발에 가득이 주니 그 중이 괴이히 너겨 물은즉 갈오대 북방은 일로써 초식이라 일러 먹기를 나물같이 한다 하엿는지라 내 듣고 심히 웃엇더니 밑두시를 보니 백어로 제題를 삼고 그 글에 갈왓이되

| | |
|---|---|
| 白小群分明하니 | 희고 저근 것이 무리 지어 명을 난호니 |
| 天然二寸魚ㅣ라 | 천연이 두촌만한 고기러라 |
| 細微添水族하니 | 가늘고 적어 수족에 첨하여시니 |
| 風俗當園蔬ㅣ라 | 풍속이 동산 나믈을 당하는도다 |

하고 그 주註에 갈오대 빈퇴록賓退錄에 하여시되 정주도경靖州圖經에 그 풍속말이 잇이니 거상居喪하야 염락鹽酪과 주육酒肉을 먹지 아니하되 백어

로써 나물을 삼는다 하엿더니 이제 북녘 백성이 많이 그러하야 고기나물이라 하니 우리 북방 풍속이 한가지로다

## 10. 동해東海의 거인국巨人國

[1]이지봉수광李芝峰晬光이 안변부사安邊府使 하엿일때에 그 따 백성이 바다헤 표풍漂風하엿다가 도라온 재 잇어 갈오대 일즉 세사람으로 더부러 자근 배를 타고 바다헤 고기 잡다가 큰 바람을 만나 서흐로 칠일칠야를 행하야 잠간도 쉬지 못하고 한곳에 이르러 언덕에 배를 다히고 자더니 물결소래 흥용興湧하야 점점 가까와 오거늘 눈을 들어 보니 큰 사람이 허리 아래는 물에 들고 허리 우흔 들어나니 그 길이 스무나믄 길이나 되고 그 머리와 눈과 몸이 극히 웅장하야 비할듸 없는지라 세 사람이 배를 저어 피코저 하더니 임이 배전을 잡아 엎치고저 하니 창황蒼黃이 큰 도채를 들어 그 팔을 찍으니 큰 사람이 바리고 뫼흐로 올라가거늘 세사람이 배를 인하여 가며 도라보니 뫼 우헤 섯는 양이 높아 하늘을 께칠 듯 하고 크기 산악 같은지라 무슨 따힌줄 모르고 다시 서풍을 만나 우리나라 남해 따헤 와 도라오니라 일즉 들으니 [2]동국통감東國通鑑에 하엿이되 겨집이 죽어 뜬채 잇이니 그 몸이 칠척이라 하니 대개 해외에 거인국巨人國이 잇는가 싶으니 방풍씨장적교여防風氏長狄僑如의 자손[3]인저

註十 ———

1. 이지봉李芝峰: 자字 윤경潤卿 호號 지봉芝峰 이조판서吏曹判書
2. 동국통감東國通鑑: 서거정徐居正 장효항鄭孝恒 편編 신라新羅부터 고려말高麗末까지

의 우리 역사서歷史書

3. 인저: 감탄종지사感嘆終止詞

## 11. 인술仁術의 패도覇道와 왕도王道

안덕수安德壽는 [1]소경대왕昭敬大王조 명의名醫라 나히 늙고 병이 많아 사람으로 더부러 [2]드무리 보대 그 진맥診脉하고 명약命藥하매 백에 하나를 틀리지 아니하니 고질痼疾이라도 못 다사리는 병이 없는지라 세상이 일카라대 [3]양례수楊禮壽는 [4]패도覇道로써 효험이 바라되 사람이 많이 상하고 안덕수는 왕도王道로써 효험이 더대되 사람을 상치 아니하니 시론時論이 많이 안가에게 도라 가더라

한 사람이 사질邪疾을 얻어 여러 달 고통하더니 안덕쉬 약을 써 다사려 그 증정이 다섯 번 변하되 다 효험을 본지라 밤에 꿈에 한 사람이 덕수더러 갈오대

> 내 이 사람과 적세積世 원수 잇어 이미 상제上帝게 고하고 반드시 죽이고 말랴 하야 이미 다섯 번 병증을 변하야서 약을 피하되 공이 다섯 번 약을 변하야 말리니 내 장차 공을 이기지 못할지라 명일에 마땅이 그 병을 여섯 번재 변할것이니 공이 만일 새약으로 다 사리면 내 마땅이 그 원수를 옴겨 공에게 [5]빌매 되리라

덕쉬 깨어 고이 하여 하더니 이읔고 병가 사람이 와 병을 무르니 과연 여섯 번재 변한지라 덕쉬 병 들엇노라 일캍고 아니 갓더니 마참내 그 사람이 죽으니 슬프다 사긔가 사람에게 비록 빌매 되는 일이 잇이나 반

드시 [6]영위허榮衛虛함을 인하야 그 사특함을 발븨고 사람이 능히 양약으로 막자르면 사긔가 틈을 타지 못하는지라

내 고항膏肓 두 아해 말의 깊이 의심이 잇어 의서醫書를 상고하니 고膏 아래와 항肓우헤 가히 다사릴 약이 잇는데 진秦나라 의원이 완치하니 또한 몸에 빌매 될가 의심한 일이냐 아깝다 덕쉬 한꿈에 혹하야 마참내 사람을 구하지 아냣도다

**註十一**

1. 소경대왕昭敬大王: 선조宣祖
2. 드무리: 드물게
3. 양례수楊禮壽: 하음인河陰人 지중추부사知中樞府事 대의大醫
4. 패도覇道: 권모술책權謀術策으로 치국治國하는 정도政道
5. 빌매: 좋지 못한 일이 사람에게 발생發生하는 원인原因 숭祟
6. 영위허榮衛虛: 몸을 영양榮養하는 기운이 허함

## 12. 삼년 묵은 토련

참판參判 이택李澤은 우리 망형亡兄 몽표夢彪의 처부妻父라 가정嘉靖 계해년癸亥年에 평안도 [1]절도사平安道節度使를 하니 가권家眷이 따라가 영변寧邊 머무더니 그 고을에 한 백성이 잇이니 지극히 어려 한글자를 모르되 귀신이 접하야 무당노릇을 하니 스사로 일칸기를 한漢나라 정승 황패지黃覇之의 실령이라 하고 능히 화복길흉禍福吉凶을 말하매 반드시 맞는지라 택의 집 사람이 아중衙中에 불러드려 점 칠새 호갈인로呼喝引路하는 소래 마치 창승蒼蠅소래 갈하야 먼데로서부터 가까이 와 첨하 기슭에 이르니 무

당이 뜰헤 나려 부복俯伏하야 맞고 귀신이 한군새 죄 짓다 하야 관정官庭에서 볼기 칠새 부르고 헤는 소리 역역히 모괴소래 같더라

때에 형의 안해 아기배야 안태安胎치 못하고 배 앓은지 여러날에 약의 효험이없거늘 귀신더러 무르니 갈오대

삼년 묵은 토련줄기를 얻어 죽 쑤어 먹으면 반드시 나으리라

다 갈오대 민가民家에서 토련을 캐야 먹고 줄기도 나물 하여 먹으니 한해 묵은것도 없는지라 어찌 삼년 묵은 것을 얻으리오

신이 갈오대

어천역졸魚川驛卒 아모개집 부억에 엮어 다랏이니 가히 얻으리라

사람을 보내여 그 집에 가 얻으니 과언 삼년 묵은 것이라 가늘게 써흐러 죽 쑤어 먹으니 즉시 낫고 남녀를 무르니 신이 갈오대 밭전田 아래 힘력力이니 이 아해 반드시 귀하리라 하더니 명년 갑자甲子에 과연 아들을 낳으니 즉금 가선대부嘉善大夫 [2]유숙柳潚이라

**註十二**

1. 절도사節度使: 병사兵使 또는 수사水使
2. 유숙柳潚: 자字 숙숙潚叔 호號 취흘吃 부제학副提學 영주군瀛州君

## 13. 강絳의 현몽現夢

[1]유대수兪大修는 옛 재상宰相 유강兪絳의 손재라 벼슬이 판사判事에 끝이니라 일즉 상인喪人이 되야 묘하에 가 수상守喪하더니 종 하나히 원망하여 죽이고저 하더니 밤중에 강絳이 창황이 와 창을 밀치며 빨리 이러나 거꾸

로 누으라 놀라 깨니 땀이 몸에 흐르고 무섭기 심한지라 당창當窓하야 누엇다가 금침을 도로 집어 깔고 누어 자지 아니하더니 홀연히 한놈이 창을 열고 무엇을 두다리 사이에 꽂고 가거늘 놀라 만저보니 큰 칼이 다리 사이에 꽂펴 이불과 요홑 뚫고 바닥가지 들어 갓는지라 여러 종을 불러 쫓아니 도적이 강의 무듬 우헤 업대어 가지 못하는지라 잡아 죽이니 사람이 다 하기를 강의 신령이 그놈을 잡아 무듬 앞에 두어 도망치 못하게 하엿다 하더라

**註十三**———

1. 유대수俞大修: 자字 사영思永 기계인杞溪人 안동대도호부사安東大都護府使

## 14. 오인순의五人殉義

[1]현풍玄風따 곽준郭䞭의 자는 양정養靜이니 독학역행篤學力行이오 효위孝友 지극하야 사랑하며 공경치 아니하는배 없더라 임진란壬辰亂에 뜻 같은 사람을 더부러 분의奮義하여 토적討賊하니 조정이 특별이 안음현감安陰縣監을 시기시니라

황석산성黃石山城이 거험據險한데 잇다 하여 이에 얽어매어 [2]영수嬰守할 계교하더니 [3]체찰사 이원익體察使李元翼이 일오되 준䞭은 유생儒生이라 하여 이에 김해부사 백사림金海府使白士霖으로 하여곰 장수 삼으니 준이 이에 두터이 대접하야 사력死力을 기약하여 얻고 또 함양군수咸陽郡守 조종도趙宗徒로 더부러 의를 맺아 직히어 방어防禦하더니 종도 시詩로써 면계勉戒하야 갈오대

崆峒山外生雖樂이나　　공동산 밖에 살기 비록 즐거우나
巡遠城中死亦榮을　　순원성 가온대 죽는 것이 또 영화로다

및 그 에움을 입으매 백사림의 백성이 다 일즉 도적의 [4]우익羽翼이 된재가만이 도적으로 더부러 통하고 밤을 타 도주逃走하여 도적이 난만爛漫이 성중에 들물 맛디니 군사와 백성이 놀라 헤어지는지라 준이 종도로 더부러 단정端正이 앉아 움즉이지 아니하고 준의 두아들 이상履常 이존履存 또한 가지 아니하여 일시에 다 해를 입고 준의 딸은 그 지아비를 따라 성에 나가다가 더부러 서로 잃은지라 지아비 이미 죽엇다 하여 문득 [5]달의를 푸러 그 종을 주며 갈오대

내 써 이에 이름은 [6]소천小天을 위함이러니 이제 문득 서로 잃어시니 참아 몸을 난병亂兵중에 더적 구차히 사지 못하게 하엿다 네가 사라 도라가 구고舅姑께 고하라

하고 목 매어 죽고 이상의 처 단성 잇어 부개夫家 다 전혀 빠짐을 듣고 또한 목 매어 죽으니라

아비는 충성忠誠에 죽고 아들은 효도에 죽고 딸과 며느리는 또한 절의節義에 죽어 한집안 다섯 사람이 다 절의로써 죽으니 고금에 구하나 또한 드물게 본배라 준은 증예조판서贈禮曹判書하고 이상이 존은 증예조[7]정랑贈禮曹正郎하니라

**註十四**

1. 곽준郭䞭: 자양정字養靜 호존제號存齊
2. 영수嬰守: 옹성籠城하는 것
3. 체찰사體察使: 영상領相이 겸임兼任하는 벼슬
4. 우익羽翼: 간첩間牒 일을 돕는 것

5. 달의: 다리꼭지

6. 소천小天: 남편男便

7. 정랑正郞: 육조六曹의 정오품正五品 벼슬

## 15. 방우득미녀放牛得美女

의쥐부윤義州府尹 [1]박렵朴燁이 점엇일 때 날리를 만나 [2]구으러 동서로 단니더니 일쳐一處에 이르러 주가主家의 며느리 자태 잇임을 보고 마음에 기꺼하야 눈으로 알앗더니 이윽하야 주가 장뷔 오니 연소미용年少美容이라 엽이 계교 일우지 못함을 알고 밤이 장찻 [3]새배 된지라 마구 가온데 들어가 쇠 곳비를 그르고 송곳으로 쇠불기를 지르니 소가 놀라 구유문에 나다라나니 주인이 옷을 입고 좇아 가니 소가 이미 놀란지라 그 좇아옴을 보고 더욱 멀리 가니 엽이 그 계교를 발바 주인의 며느리와 [4]견권繾綣하더니 하늘이 이미 밝은지라 주인이 이슬을 무릅써 옷을 다 적시고 소를 이끌고 들어오더라

**註十五**

1. 박렵朴燁: 자字 숙야叔夜 호號 남창南窓 평안도체찰사平安道體察使
2. 구으러: 굴러
3. 새배: 새벽
4. 견권繾綣: 서로 얽히어 다정多情한 것

## 16. 윤현尹鉉의 이재理財

[1]윤현尹鉉이 이재理財를 잘하여 호조판서戶曹判書 되엇일제 해여진 [2]돗지의地衣와 푸른 [3]선뵈를 다 고庫 가온대 감초아 써 불시의 [4]가음을 기다리니 묻사람이 다 웃더라 그 후에 해여진 돗은 조지서造紙署에 부쳐 마전磨碾하야 조히를 지으니 지품紙品이 가장 아름답그 푸른 선뵈는 예조禮曹에 부쳐 들사람의 [5]옷낀을 하야 하여곰 조각도 베히지 못하게 하야 전필全匹이 다 쓸 때 당케 하고 태창진부太倉陳腐 한곳헤 쥐똥이 반이나 한지라 천사天使 나올때에 써 관사館舍 도벽塗壁을 시기니 쥐똥이 더욱 차지더라

그 집을 다스리매 섭나모 얻기 어려옴을 근심하야 부엌에서 쓰기 절節이 없는지라 포백布帛을 내어 와서瓦署에 가 소목燒木을 무역하여 무딘 도끼로써 겨집종을 주니 겨집종이 낯에 땀내며 스스로 찍어 한쪽 아낌을 금 같이 하야 마참내 낭비를 더니라

문앒에 밭 삼십묘가 잇이되 나물을 심으지 아니코 피를 가니 사람이 다 괴이히 너기더니 말 먹이는 놈을 [6]맞적 하로 한이렁식 뷔여 말꼴을 하니 일월에 삼십묘 다 진하고 피는 수이 나는것이라 전월에 뷘배 이튼날부터 자라기 두어자식 하니 마졸이 문정門庭에 나들 아니하여도 푸른 꼴이 넉넉유여하더라

일일은 집안 사람더러 일오대 금년의 목홰木花 극천極賤하니 [7]뷔를 내여 파라 목화를 무역하여다가 다락에 쌓으니 들보에 닿는지라 혀비치 아니하고 두엇더니 두어해 못하야 목홰 극귀極貴한지라 파라 무곡貿穀하니 그 값이 십배나 한지라 만여석萬餘石을 얻고 가인더러 일러 갈오대 너히들이 치산治産을 마땅이 이같이 하라하니 나라와 집안에 이재주밀理財周密하기 이러하더라

**註十六** ———

1. 윤현尹鉉: 자字 자용子用 기평인技平人 선조조宣祖朝
2. 돗지의: 제사祭祀 때 쓰는 자리
3. 선뵈: 선을 둘린 베
4. 가음: 재료材料
5. 옷낀: 옷끈
6. 맛져: 맡기어
7. 뷔: 테

## 17. 장원壯元 다톰

[1]이목李穆, 김천령金千齡이 문성文聲이 서로 힐항詰抗하나 목이 더옥 높은지라 매양 [2]장옥場屋에 덧덧이 장원壯元을 밀위더니 일일은 과거科擧의 글제 삼도부三都賦를 낸지라 천령이 글머리귀 보기를 청한대 목이 갈오대 내 그 가지말 바리고 간략한 말로 뜻하렷노라 하고 그 머리귀를 뵈니 갈오대

| | |
|---|---|
| 夏奠十二之山이오 | 하나라흔 십이 산을 정하고 |
| 虞記九州之城이라 | 우나라흔 구쥐지성을 기록하다 |

운운하니 천령이 기탄忌憚하여 거줏 웃으며 갈오대 오늘 과거는 공이 마땅히 장원을 내게 사양하리라 시관試官이 이 제를 내여 양경兩京과 삼도三都의 웅장雄壯한 문자를 보고저 함이라 옛 글귀를 이어 노유老儒의 말을 하고저 하느냐 목이 그러히 너겨 일필로 고쳐 갈오대

| | |
|---|---|
| 今夕이何夕고 | 오늘 저녁 무삼 저녁인고 |
| 天風이翩翩이라 | 하늘 바람이 편편하도다 |

천령이 도라가 그 글귀 갖다 말을 간략히 하여 나오니 목은 많이 백여 귀를 능히 수습치 못하더라 마참내 천령에게 굴하여 천령이 장원을 하니라

**註十七**

1. 이목李穆: 자字 중옹仲雍 호號 한제寒齊 성종조인成宗朝人
   김천령金千齡: 자字 인로仁老 경주인慶州人 부제학副提學
2. 장옥場屋: 과거장科擧場

## 18. 두문斗文의 도주逃走

평창군수平昌郡守 [1]권두문權斗文이 임진란壬辰亂에 왜에 사로잡힌배 되어 수죽을 잠으고 호적고戶籍庫 가온데 가도왓더니 이윽고 한왜 한함函을 가지고 와 두문을 열어 뵈니 곧 사람의 머리라 갈오대

이는 원쥐목사原州牧使 [2]김제갑金悌甲의 머리라 장찻 장군의 진에 드리리니 내 일 네 장진將陣에 이르러 또 이같을진저

두문이 더옥 두려워하야 밤이 맞도록 잠을쇠를 벗기니 수족이 다 피나고 쇠사슬이 부러지는지라 드대여 호적책戶籍冊을 쌓으니 높기 집들보와 같은지라 받들어 올라 들창을 뚫고 담밖에 나니 왜졸이 서로 베고자는지라 두문이 옷을 걷고 즛밟아 다라나니 뭇 왜놈이 조을기를 익게 하여 깨치지 못하는지라 시러끔 면하니라

**註十八** ———

1. 권두문權斗文: 자字 경앙景仰 호號 남천南川 안동인安東人
2. 김제갑金悌甲: 자字 순초順初 호號 의제毅齊 안동인安東人

## 19. 이지李智의 도주逃走

때에 니지李智의 나흔 접고 아는 것이 없은지라 육세에 아일 이끌고 풀가온대 없대엇다가 왜에 사로잡힌배 되니라 진陣 가온대 들어 쇠잠을 쇠로써 봉하고 깊은 집에 두고 기둥에 쇠못을 막고 뭇왜놈이 직히더니 때 여름이라 당무정계堂廡庭階사이에 어즈럽게 누어 발 용납할 곳이 없는 지라 밤에 그 못을 흔드러 빠히다가 직힌 왜불로 셔 와 살피면 그 못을 처엄처로 박앗다가 왜 조을믈 기다려 잠을쇠를 바혀 품고 참아 아이를 바리고 도망치 못하야 등에 업어 우지말라 경계하고 벌건 다리로 자는 왜를 넘어 따흘 갈희어 드디고 정제庭際에 나가니 저른 담 싸오척이 잇는 듸 그 밖은 두어길이나 한지라 아해를 업고 뛰고싶으나 그 소래 따헤 우릴가 [1]두리워 하여 몬저 아해를 드리워 따헤 떠르쳐 갈오대

우지마라 울면 죽으리라

하고 따헤 [2]더지니 아해 아아히 울거늘 따라 뛰어 업고 다라나니 왜 구지 잠들어 깨지 못하더라 후에 지 등제登第하야 일홈을 입豈이라 하여 절라 좌수사全羅左水使를 하고 죽으니라

註十九

1. 두리워: 무서워
2. 더지니: 던지니

## 20. 천단擅斷의 화禍

[1]한준겸韓浚謙이 소시에 [2]양화도楊花渡를 건늘새 사람이 배를 다토와 잔약하고 게어른 자는 오르지 못하는지라 한 무부武夫 잇어 말채를 짚고 그 오름을 천단擅斷이 하여 한 연소 천부年少踐夫를 나리오니 천뷔 무릅써 그 배에 오른대 그 [3]호반虎班이 말채를 두루다가 그릇 그 왼눈망울을 상해여 비여저 배에 떨어지니 천뷔 더부러 힐항치 아니코 또한 한말도 서로 힐책詰責하지 아니하고 눈망울을 강물에 씻어 눈구석에 드리니 무뷔 부끄려 사례하기를 마지 아니터니 배를 닿이매 천뷔 몬저 나려 엔덕에 섯더니 그 호반이 이에 나려 와 장찻 말 타랴 할새 천뷔 드대여 호반을 잡아 따헤 엎지르고 가습에 거러앉아 왼 눈망울을 바히니 호반이 싸호고저 하나 힘이 넉넉지 못한지라 틀고 가니 준겸이 목도目睹하고 이르니 위喟라 천단擅斷 좋와하는 홰禍눈망울을 바힐뿐이리오 사람의 경책警責하리로다

註二十

1. 한준겸韓浚謙: 자字 익지益之 호號 유천柳川 청주인淸州人
2. 양화도楊花渡: 서강西江에 있는 나루 이름
3. 호반虎班: 무반武班

## 21. 환혼석還魂石

아산牙山 고을 학鶴이 마을 곁에 [1]길드리는 것이 잇더니 알을 까지 못하여 마을 아해 갖다가 희롱하다가 알흘 깨치니 깃털이 이미 일웟는지라 마을 늙으니 꾸짖고 하여곰 길드리는듸 두니 사끼 이미 죽은지라 학의 자웅雌雄이 알 깨침을 보고 슬허 울기를 마지 아니하더니 하나흔 그 집을 직히고 하나흔 멀리 가 도라오지 아니하더니 삼사일 후에 도라와 그 사끼 다시 사라나니 마을 늙으니 고이히 너겨 그 집을 가보고 그 집 가온대 푸른 돌이 잇어 붉고 비최여 가히 사랑하온지라 드듸여 가저와 상자에 넣엇더니 늙으니 아들은 무부라 [2]종사관從事官으로 연경燕京에 가 돌을 매여 달아서 장사 오랑캐게 [3]빈뵈니 오랑캐 귀경하고 기절奇絶이 너겨 갈오대 네어듸로 좇아 얻엇느노 갈오대 학의 집에서 얻엇노라 오랑캐 천금으로써 바곰을 청하며 금金이 [4]준수準數치 못하니 원컨대 십습十襲하야 감초아써 기드리라 한 대 무새 대회하야 맑은 물에 씻고 모래로 그때를 가라 흔적이 잇이니 앵욕鸚鵒의 눈같은지라 돌로써 가라버리고 빛난 비단으로 보를 지어 겹겹이 싸고 빛난 나모로 독櫝을 하여 잠을쇠로 봉하여서 기드리더니 장사 오랑캐 그 값을 찰혀 가지고 와 발發하여 보고 대경왈

> 이돌이 수일 사이 그 정긔를 잃엇이니 이제는 쓸데 없어 어찌 한쪽 파기破器와 다르리오

무새 갈오대

어찌오

갈오대

이 돌이 서해 유사西海流沙 지경에서 나니 일홈은 환혼석還魂石이라 죽은 사람이 품 가온대 두면 즉시 사라나느니 이제 모래로 가라 그 눈을 바리니 정신이 상한지라 장찻 어듸 쓰리오 가히 아깝다 비록 그러나 절역絶域의 보배 인력人力으로 일위지 못할배어늘 이제 무용無用의 귀경만 하엿노라

하고 드듸여 십금十金으로써 갚으니 무새 차탄불이嗟嘆不已 하더라

**註二十一** ———

1. 길드리는: 깃들이는
2. 중사관從事官: 봉명사신奉命使臣의 □員의 하나
3. 빈뵈니: 선뵈니
4. 준수準數: 그 수효를 채움

## 22. 수진방壽盡坊

국초에 한양도읍漢陽都邑을 열때에 [1]정도전鄭道傳으로 하여곰 모든 [2]방坊의 호명呼名을 정할새 기중에 수진방壽盡坊이 잇어 그 후에 도전이 집을 이 방으로 올맛더니 때 사라이 다 갈오대 이른바 수진자壽盡者 진짓 진하엿다 하더라

**註二十二**——

1. 정도전鄭道傳: 자字 종지宗之 호號 삼봉三峰 국조공신國朝功臣
2. 방坊: 오부五部를 나눈 구역區域

## 23. 장자고비長者高蜚

고비高蜚는 충쥐忠州사람이라 [1]성정이 인색하고 보화寶貨를 중히 너겨 무역貿易하고 팔고 하여 집재물이 거만에 이르러 창倉과 고庫와 궤櫃와 독櫝을 봉하고 기록을 반드시 친히 하여 비록 즈끼 겨 같은 것이라도 중히 녀김을 천금 같이 하더라

일즉 일이 잇어 멀리 갈새 그 도라올 기약을 헤아려 처첩妻妾을 양식糧食을 줄새 되와 말을 다 계수計數하야 써 주고 그 고늠庫廩은 다 봉하고 갈새 떠날 임시하야 한 그릇을 보니 모밀가루 두어말이 고집 밖에 잇는지라 행장行裝이 빠르고 겨를이 없어 제 낯을 써 그 가루에 박아 써 표하여 갈오대

너히 혹 이면을 먹어 이 낯 흔적과 다르면 죄 마땅이 죽으리라

밋 그 도라오매 길 가온대 비를 만나 수일 기약이 어기엇는지라 처첩이 그 주림을 참지 못하여 서로 더부러 꾀하여 갈오대 죽을 지경이라 찰하리 먹고 죽으리라 하고 드듸여 그 반을 먹고 반은 머물어 두고 가만이 그 가로의 낯을 박앗더니 고비 도라와 모든 고집 봉한 잡을쇠를 살펴 보고 몬저 가로그릇을 찾아 좌우로 살펴 보와 갈오대

내 수염이 이렇듯이 굽으냐 내 코는 어찌 입 가온대 잇느노

하고 드대여 그 처첩을 정타하더라 고비 이미 늙으매 그 마을 사람이 치부致富하는 꾀 배호기를 청한대 비 갈오대

아모날 성우헤 솔숲 사이로 와 날을 기다리라 내 가르칠 술이 잇노라

하니 마을 사람이 주효酒肴와 공장供張을 가초와써 기다려 비 이에 이르니 버려 절하고 무른대 비 성 우헤 솔가지 먼니 성 밖으로 뻗어 따 아래 없음을 보고 비 마을 사람으로 하여곰 그 남게 올라 그 가지를 받들고 그 몸을 드리오고 한손은 놓고 한손으로써 잡으라 하고 좌우를 물리고 가만이 일러 갈오대

네 재물 직히기를 이 손으로 이 가지 잡듯 함이 족하다

하고 다시 한말 없이 가더라

**註二十三** ———

1. 성정: 성미

## 24. 한상국韓相國의 농사

상국相國 [1]한응인韓應人이 신천信川 따헤서 거상居喪 하더니 때에 왜귀만국倭冠滿國하여 세가世家들이 다 스스로 [2]노생聊生치 못하니 상국이 혈가絜

家하고 나려가 시비侍婢로 하여곰 농사 할새 오륙일 즈음에 오려를 이미 두 번 매어 이렁에 가득히 [3]창운蒼雲이 일워 심히 가히 즐거온지라 상국이 막대를 짚고 천맥阡陌을 보고 기꺼 도라와 모든 노롱老農더러 자랑하여 갈오대

우리 [4]여름지이 두벌 매어 창운 같으니 어지 즐겁지 아니리오

노롱이 가 살펴니 오례 아니라 다 [5]낭유粮莠라 대개 시비 경셩에 생장하여 일즉 전원을 보지 못하고 하는 일이 오직 나환羅紈과 금슬琴瑟과 가뮈歌舞라 일조에 모라 남묘南畝에 넣어니 매여 바리는 바는 다 아름다온 벼오 붙도도와 심으는 바는 다 낭유라 왼 집안이 매매昧昧히 아지 못하더라 신천 사람이 웃어 매양 농사 그릇 한이를 보면 반드시 갈오대

한상국韓相國의 농사라

하니 말세용인末世用人함이 다 이 뉴類니라

**註二十四** ——

1. 한응인韓應人: 자字 춘경春卿 호號 백졸제百拙齋 청주인淸州人
2. 노생聊生: 생계生計
3. 창운蒼雲: 벼가 무성하여 구름 같다는 말
4. 여름지이: 농사農事
5. 낭유粮莠: 피 같은 것

## 25. 왜인숭살벌倭人崇殺伐

왜인倭人이 성이 급하여 살벌殺伐로서 숭상하며 물읫 여자의 원怨이 잇어 문득 안검 하더라 풍성 감재 잇이니 경주인慶州人이라 팔구세에 왜에 잡힌배 되어 일본에 들어 갓다가 나히 이십이 지난후 도라오니 언어言語와 동정動靜이 본국 옛일은 잊고 익인배 군사 쓰고 치고 찌른배 한갈 같이 왜인과 같더니 때 여름이라 낮에 잠자거늘 친척이 희롱으로써 코침 준대 풍성이 놀라 이러나 눈을 감고 그 허리를 만저 칼흘 얻지 못하고 드대여 눈을 열어 갈오대

> 왜 풍속은 허리에 칼흘 그르지 아니하여 조곰 그 뜻을 거스리면 곧 칼을 [1]빠혀 지르는 고로 비록 부처夫妻간이나 한집안에 자지 못함은 써 불우不虞를 염려함이라 이제 진실로 칼이 내 허리에 잇더면 거의 내 친척을 죽일랏다

하니 뭇사람이 다 듣고 혀를 토하도라 그 후에 풍성이 역란에 죽으니 일본화日本化하기 어려온 풍속이 이러 하더라

**註二十五** ———

1. 빠혀: 빼어서

## 26. 제나립濟羅笠과 평정건平頂巾

국가 승평昇平한 때는 [1]향리鄕吏가 다 제나립濟羅笠을 쓰는지라 제나립이란 말은 백제百濟와 신라新羅때 [2]방립方笠이란 말이라 유순柳洵이 사랑하는 종 한년이 잇어 향리의 처라 순이 일즉 그 방에 들어가니 순의 처 막대를 가지고 들어오거늘 순이 벽 우헤 제나립 걸려 심을 보고 갓을 곧 쓰고 나가 따헤 엎대니 순의 처써 향리라 하여 창황이 다라나더라

박충간朴忠侃이 사랑하는 기생이 잇어 기생은 녹사錄事로 더부러 잇는지라 녹새 예사 평정건平頂巾을 쓰는지라 벽상에 걸려 잇거늘 충간이 밤을 타 기생의 집에 들어가 자더니 어른 아츰 대궐에 나아갈새 하늘이 미명未明하엿는지라 그릇 평정건을 쓰고 가 궐하闕下에 이르니 노새牢子 앙시仰視하고 의심하거늘 충간이 대경 하마大驚下馬하여 민가로 들어가니 당시 호사재好事者 시詩를 지어 갈오대

> 柳洵妻疑黑濟羅 忠侃牢驚平頂冠을 유순의 처는 흑제라를의심하고 충간의 종은 평관정으로 놀라는도다

시인이 갈오대 절창絶唱이라 하더라

**註二十六** ———

1. 향리鄕吏: 고을 아전衙前
2. 방립方笠: 방갓

## 27. 양긔소식일자지일인삼兩器所食一紫芝一人蔘

[1]성현成俔이 미시微時에 들동산에 나가 노다가 길 가온대서 말게 나려 시내 나모그늘에 님하여 앉앗더니 홀언 한손이 나귀를 타고 따라와 또한 시내 우헤 쉬난이 잇거늘 현이 손의 용뫼 기위奇偉함을 보고 공경하야 예로 대접하더니 이윽하여 각각 먹을 것을 나올새 객의 종이 보흘 풀고 나오니 한 그릇은 붉은 피에 지룡이 같은 것이 떠 잇고 하나흔 저근 아해 살마 난숙爛熟한지라 현이 심히 놀라더니 객이 현을 권하여 그 반을 먹으라 하대 현이 슬희여 사양하야 갈오대 복僕이 먹기 익지 못하노라 하니 객이 먹기를 파하매 현이 괴히히 너겨 가만이 그 종더러 물어 갈오대 객은 어떤 사람고 종이 갈오대 아지 못하노라 갈오대 장자長者를 좇아 놀며 어찌 아모신줄 모르리오 갈오대 길에서 서로 만나 인하야 좇아 노니 어찌 알리오 갈오대 어느 때부터 종유從遊하느뇨 갈오대 천보사십년天寶四十年부터 이제 이르니 몇 세월인줄 아지 못하노라 갈오대 아까 먹던바 두가지것은 무엇고 갈오대 그하나흔 자지오 하나흔 인삼이니라 대경하고 또 대경하야 다시 객을 보고 예하며 전에 먹던 두가지 것을 청한대 객이 종을 불러 그 남음을 무른대 대왈 소재 주림을 인하야 먹엇노라 하더라.

이윽하야 나귀를 타고 가거늘 현이 따라 가니 객이 종더러 일러 갈오대 예서 가낮참은 충쥐 달래忠州達溪가의 가고 저녁은 조령鳥嶺을 넘으리라 하고 드듸여 채를 들러 빨리 모니 현이 준마俊馬를 뛰어 다르대 밎지 못하여 묘연杳然이 그 향한 바를 잃고 현이 집에 도라와 당황이 잃은배 잇는 것 같이 하더라 인하여 그 만난바 아니 여진인呂眞人이랴 대개 천보사십년天寶四十年이 여진인의 태胎를 화한 가을이러라

註二十七 ───

1. 성현成俔 자字 경숙磬叔 창녕인昌寧人 성종조成宗朝

## 28. 과천소果川牛

[1]홍서봉洪瑞鳳의 집이 영경전永敬殿 앞에 잇어 손을 맞으랴고 장찻 소를 잡으랴 할새 큰 소를 사오나 [2]포정庖丁 이르지 못한지라 배야흐로 기다리더니 때에 노자수손奴子水孫이 과천果川으로부터 큰 쇠게 나모 싣고 와 기동에 매엇더니 쇠등에 가로질린 나모가 깨이어 부러져 기동起動을 못하는지라 사온 소와 대소大小 갈고 일로써 처를 마땅타 하여 나모 실은 쇠 마참내 잔채 음식에 들고 죽이랴 하던 소는 좋이 과천으로 도라가니라

우리집에 두 숫닭이 잇어 그 검은 놈이 암을 거느려 독장을 치고 매양 붉은 놈을 좇으니 능히 용납지 못하여 이웃집에 가 의탁하거늘 노배奴輩로 하여곰 붉은 놈을 쏘아 오라 한즉 그 놈이 그릇 듣고 그 검은 놈을 쏘아 오니 집에 잇는 재 음식에 들고 이웃에 도망한 재 도로혀 천단擅斷이 뭇닭을 거느리니 미물微物의 사생死生도 또한 쉬가 잇어 해코저 하는 자를 시러곰 임의로 못하거든 [3]하물며 사람이따녀

사람이 사생死生으로써 근심하여 백계百計로 영위營爲하는 재 이 과연 하늘을 아는이냐

註二十八 ───

1. 홍서봉洪瑞鳳: 자字 휘세輝世 호號 학곡鶴谷 남양인南陽人
2. 포정庖丁: 백정白丁
3. 하물며……따녀: 하물며……겠느냐

## 29. 준민처俊民妻의 단식斷食

[1]니준민李俊民이 부사 문성익文成益으로 더부러 왼 집안이 좋와 하니 부인이 또한 서로 왕래하야 사괴이 두텁고 성정이 다 투기妬忌하여 그 서로 모히매 성익의체 갈오대

우리집 한아비는 한번 집안 밖에 나가 자면 내 문득 먹기를 끊고 오직 냉수만 마시는 고로 집 한아비 감히 부르는 배 없다

하더니 그 후에 준민이 밖으로 부실副室을 두니 부인이 듣고 먹지 아니하고 다만 냉수만 마셔 인하야 병 들어 죽거늘 가만이 성익의 집을 탐지하니 그 체의 면面으로 먹지 아니코 가만이 신임하는 종으로 언약하되 칭탁稱託하고써 뒤간에 가거든 한 큰 바리로써 밥을 담고 아름다온 반찬을 하대 하여금 극히 짜게 하여 날마다 재삼再三 [2]나오는 고로 물을 마시는 지라 집사람은 아지 못하더라

준민이 듣고 웃어 갈오대 요기妖氣롭다 노호老狐의 딸이여 내 부인을 먹지 아니키로 가르치고 어찌 뒤간에 가 짠 것 먹던 것을 아니 가르쳣는고 하고 곡읍哭泣을 슬피하니 듣는 재 엄구掩口하고 웃지 아닐이 없더라

**註二十九** ———

1. 이준민李俊民: 자字 자수子修 호號 친암親菴 전의인全義人 선조조宣祖朝
2. 나오는고로: 먹는고로

# 30. 송생노宋生奴의 한말밥

송생宋生제 잇어 한새寒士라 가동家僮이 없어 [1]외방에 가 한 노자奴子를 얻으니 나히 십칠팔十七八이라 무슨 능한 배 잇느냐 무른대 대하야 갈오대 다만 능히 채신採薪하노라 하거늘 종을 명하야 새배밥 지어 먹여 하여곰 나모가라 한 대 밥을 대하야 먹지 아니한대 그 연고를 무르니 대하여 갈오대 내 능히 한번 한말 밥을 먹노라 한 대 송생이 장히 너겨 명하야 밥 한말 국 한 동희를 지어 시저匙箸를 가초와 준대 뇌奴 시저를 더지고 큰 사발로 술을 하여 한번 먹어 다하고 뇌대삭大索을 찾거늘 대삭 오륙십조五六十條를 준대 뇌가 뫼헤 올라가 큰 나모 뿔회 줄기를 손으로 빠히기를 봄파 빠히듯이 하여 쌓기를 구산丘山 같이 하여 오륙십 대승大繩으로써 묶어 지고 오니 성문이 좁아 성 밖에 쌓고 집으로 수운할새 기리 심히 좁아 행인이 시러곰 통하지 못하고 고관대재高官大宰 [2]전배前排를 경계하여 [3]벽제辟除말라 하고 말을 [4]도로혀 가니 송생이 그 처더러 일오대 이 놈이 힘은 심히 크나 먹이기 어렵고 제어制禦하기 더욱 어려오니 하여곰 임기소지任其所之 할밖에 할 일 없다 하더니 그 후 간바를 모를러라

**註三十**———

1. 외방: 시골
2. 전배前排: 관원官員을 인도하던 관노官奴
3. 벽제辟除: 귀인출동貴人出動의 선두先頭에서 통행通行을 금지禁止하는 것
4. 도로혀: 도리켜

## 31. 오세김시습五歲金時習

김시습金時習이 오세五歲에 능히 글을 하니 [1]공정대왕恭定大王이 [2]대내大內로 인견코저 하시되 첨시瞻視에 [3]해속駭俗할가 저허하야 삼각산三角山으로 명제命題하신대 시습이 한 절구絶句를 지어 갈오대

三角高峯貫太淸
登臨可摘北斗星
非徒岳岫應雲雨
能使王家萬世寧

을 상上이 기특이 너기시나 불열不悅하는 빛을 두시니 그 신하 아니할 뜻을 둠이라 이에 백필 명주明紬로 상 주시고 하여곰 수운輸運하야 집에 도라가라 하신대 시습이 백필을 흩어 수미首尾를 서로 매고 한 끝을 허리에 띠고 절하야 하직하고 나가니 백필이 다 그 몸을 따르는지라 상이 더욱 기특이 너기시더라

[4]혜장대왕惠莊大王이 즉조卽祚하시매 뜻을 항거抗拒하야 불사不仕할 뜻을 두어 머린 깎고 염髥은 두고 시를 두어 갈오대

削髮逃當世
存髥表丈夫

라 하니 대게 예 높은 중이 잇어 또한 삭발하고 염은 둔재일이 아니라 스스로 오세능문五歲能文으로 자호自號를 오세라 하니 세상을 오세傲世하단

말이라

시습이 성정이 경예輕銳하야 사람 용납할 양量이 없어 당세에 면키 어려온 고로 [5]치류緇流에 탁적託跡하야써 세상을 귀경하니 석도釋道 많이 존경하며 도라오는 재 젹자 같으니 시습이 [6]아쳐로와 하더라

일즉 춘천 사탄초암春川史呑草庵에 잇어 한 중이 시습을 사모思慕하여 서로 백리百里 밖에 찾은대 시습이 대접을 심히 관곡款曲히 하야 밥 하여써 먹이고 하여곰 창밖 [7]섬 우헤 앉히고 창밖에 걸어 앉아 발로써 듸끌 흙을 파 더진대 밥 먹는 중이 갈오대 우리 스승이 어이 희롱 하느냐 하고 듸끌을 바리고 먹거늘 두 번 하고 세 번 네 번에 이르러 끝이지 아니한대 중이 노하야 먹지 아니코 가더라

또 월야月夜에 삼각산 승가북암상僧伽北岩上에서 절 중을 부른대 중이 갈오대 이는 오세 소리라 급히 가니 즉 시습이라 서로 더부러 한훤寒喧을 펴더니 이윽고 시습이 소매 가온대 한 마른 고기를 내어 그 중을 권한대 그 중이 노하야 가더라

또 경중京中 원각사圓覺寺에서 무차無遮를 베푸러 크게 모힌단 말을 듣고 팔도八道 중이 [8]문풍聞風하고 이르는 재 억億으로써 헤아리는지라 시습이 가 참예할새 가사袈裟를 입고 도장道場에 들어 갓더니 이윽고 손에 삶은 닭의 다리를 잡아 먹은대 모든 중이 크게 놀라 좇으니 그 행새 괴려함이 이러하니 대개 그 뜻이 세인이 몸을칭하함을 아처하야써 해를 먼니하고 석도釋道를 없우이 너겨써 뜻을 밝히더라 시습이 비록 세상을 바리고 생하여써 인가사에 뜻이 없으나 그 나타난 서書매월당집梅月堂集은 다 그 손으로 쓰고 긔상국 자헌奇相國自獻 필적과 소재蘇齋 사모하여 임臨한자로 보면 또한 신후명身後名에 뜻이 없지 아니함이라

**註三十一** ———

1. 공정대왕恭定大王: 태종太宗
2. 대내大內: 관내關內
3. 해속駭俗: 해인이목駭人耳目
4. 혜장대왕惠莊大王: 세조世祖
5. 츼류緇流: 승僧
6. 아쳐로와: 싫어서
7. 섬: 계階
8. 문풍聞風: 소문所聞을 듣는 것

## 32. 팔지권절八指權節

[1]권절權節은 내 외가外家 외선조外先祖라 비로서 나매 두손이 팔지八指라 한데 붙어시니 부뫼 네 손가락 가온대를 각각 베혀 하여곰 둘 둘이 서로 붙게 하엿더니 점점 자라매 여력膂力이 절륜絶倫하야 두 맷돌을 들어 두루 버려 잇는 항 사이에 더지고 그 항이 다 십장十丈에 지나되 잠간 오르고 나리고 출몰出沒을 날 듯 하되 항이 깨어지지 아니하고 매양 개얌과 해송자海松子와 호도를 먹으매 두 손으로써 갈라 바아 그 열매를 취하야 먹고 일즉 산사山寺에 놀새 중이 부억에 앉아 섶을 따힐새 나모를 이그러 끄느니 고는 곳이 칼로 버힘 같은지라 권이 그 관冠을 가져 한손으로 집 기동을 들고 한손으로 관을 돌 사이에 끼이니 그 중이 두 손으로 기동을 들고 능히 그 관을 내지 못하고 개연慨然하여 울거늘 권이 다시 한손으로써 기동을 들고 한손으로 그 관을 빠혀 주더라 그 늙으매 사기 십단沙器十團을 포게고 한손가락으로 통긔니 손가락에 피나고 사기굽이 부어지지 아니한대 탄식하야 갈오대 내 늙엇도다 소시에 한 손가락으로 퇴야 사발굽

이 성한 것이 없더니 이제 사발굽이 이즈러지지 아니코 손가락이 몬저 피난다 하더라 문과로써 벼슬이 감사監司에 이르고 홍문교리弘文校理 되엇더니 때에 혜장대왕惠莊大王이 잠저潛邸로써 큰 뜻이 겨오사 날마다 그 집에 이르시니 거즛 미처써 그 뜻을 뵈니라

**註三十二** ――――

1. 권절權節: 자字 단조端操 호號 율정栗亭 안동인安東人 세종조世宗朝

## 33. 명회파경골明澮破脛骨

[1]한명회韓明澮 성정이 사오나와 무릇 노복奴僕이 죄 잇으면 기동에 매고 문득 쏘는지라 때에 [2]전림田霖이 군관軍官이 되어 영슈을 어긔오거늘 임을 그 기동에 매고 쏘고저 할새 술에 취하야 앉아 조을거늘 임이 그 조을믈 타 그 맨 것을 끊고 도망하니 명회 깨어 보고 시비侍婢 앞에 잇는지라 하여곰 좇아 잡으라 하여 밎지 못한지라 또 기동에 매고 장찻 쏘려 하거늘 임이 가만이 담 밖에 엎대엇다가 듣고 옷깃을 헤치고 가슴을 들어내고 들어가 갈오대 비로소 장군이 사람 쏜다 말을 듣고 무서워 도망하엿더니 가만이 담 밖에 엎대어 들으니 장군이 장찻 임의 연고로써 죄 없은 이를 죽이고저 하나 이는 임이 죽기를 겁怯하여 도망홈이 용맹이 아니오 죽기를 약한 종에게 옴기미 의義 아니니 청컨대 장군은 임을 쏘라 임이 마땅이 옷깃을 헤치고 살을 받아 사양치 아니하리라 하니 명회 옳게 너겨 사례하고 드듸여써 복심腹心이 되니 임의 성정이 심히 사오나온지라

때에 해랑도海浪島에 역적이 잇어 파도波濤에 출몰하여 해서海西에 작경

하거늘 조정이 임을 명하야 장수將帥를 삼은대 임이 누의 잇어 과부寡婦라 다만 한아들이 잇더니 임이 그 아들을 청하여 군관軍官을 삼으라 하거늘 누의 울며 갈오대 과첩寡妾이 다만 한 아들이 잇이니 만일 한번 군률軍律에 얽히면 오형吾兄이 성이 엄하여 반드시 [3]요대饒貸치 아니할 것이니 당세當世에 어찌 다른 사람이 오형의 심려조아心膂爪牙에 합당할 이 어찌 없으리오 원컨대 과첩을 위하야 조곰 꾸이라 임이 좇지 아니하여 갈오대 나라 일이라 가히 사사치 못하리라 하고 드듸여 써 행하여 해랑도海浪島에 이르러 군률을 어긔온지라 명하야 베히니 일로부터 일군이 진률震慄하여 다 죽을데 달라들기를 도라가는 것 같이 하니 바로 해도를 띠어 소혈巢穴을 탕소蕩掃하고 도라오니라

한명회韓明澮 다리 앏는 병을 얻어 병이 경골脛骨가온대 잇는지라 앏기를 견듸지 못하여 스스로 시러곰 사지 못할줄 알고 갈오대 죽기에 이르러 찰하리 스사로 다리 뼈를 부르지르고 이 버러지를 죽인 후에 죽음만 같지 못하다 하여 이에 돌모헤 걸어 앉고 종으로 하여곰 큰 돌흘 들어 그 다리를 부르지르라 한대 종이 감히 못하거늘 명회 대로하야 활을 잡아 쏘고저 하거늘 종이 시러곰 마지 못하여 한 큰 돌로 방마치를 하여 부르지르니 뼈 부러지고 골이 흐르는지라 명회 손으로 뼈 가온대를 수탐搜探하여 한 큰 버러지를 얻으니 엄지 손가락만한지라 이에 한솟 기름으로 달히되 버러지 오히려 죽지 아니하니 기름이 다 달흐매 버러지 이에 죽는지라 명회 또한 죽으니라

**註三十三** ——

1. 한명회韓明澮: 자字 자용子溶 호號 구정鷗亭 세조조인世祖朝人
2. 전림田霖: 한성부윤漢城府尹

3. 요대饒貸: 용서하는 것

## 34. 제비의 독경讀經

속담俗談에 갈오대 저비는 논어論語를 읽는 고로 그 울제 갈오대

[1]지지위지지오불지위불지시지야라(知之謂知之오 不知謂不知是知也라)

하고 개구리는 맹자孟子를 읽는 고로 그 울제 갈오대

[2]독악락과여인악락이숙락고(獨樂樂과與人樂樂이孰樂고)

하고 [3]운작雲雀은 [4]장자莊子를 읽는 고로 그 울제 갈오대

이지유지지비지불약이비지유지지비지야오(以指喩指之非指不若以非指胃指之非指也오)이마유마지비마불약이비마유마지비마애라(以馬喩馬之非馬不若以非馬喩馬之非馬也ㅣ라)

하니 창경은

부로구결긔전간이명負爐口決起田間而鳴

하니 그 울기 소래 많은지라

[5]만력 계사萬曆癸巳에 내 서강西江에 잇어 중원 절강 유생中原浙江儒生 황백룡黃伯龍과 더부러 말할새 내 조곰 화어華語를 아는지라 백룡이 갈오대 우리나라 사람은 한 경서經書만 오로지 하니 네 나라 사람온 몇 경서나 다스리느냐 내 갈오대 우리 나라 사람은 삼경三經도 다스리고 혹 사경四經도 다스려 저비와 개구리와 운작 창경도 또한 능히 한 경서는 [6]오롯 하느니라 갈오대 어찌오 갈오대 저비는 논어를 오롯 하는 고로 일오대 지지위지지오불지위불지시지야라 하고 말이 맞지 못하야서 백룡이 갈오대 개구리 경서는 맹자에 이른바 독악락과여인악락이숙낙자야아 내 놀라 갈오대 어찌 써 아느니 갈오대 우리 문과文科속에 또한 이 말이 잇느니라 하니 대개 우리 나라히 전조前朝로부터 강남江南을 통하니 일로써 우리 나라희 문자文字히 강남 소래를 쓰느니라

**註三十四** ———

1. 지지위知之謂: 논어論語 「위정爲政」 편篇
2. 독락악獨樂樂: 맹자孟子 「양혜왕하梁惠王下」 편篇
3. 운작: 종달이
4. 장자莊子: 제물론齊物論
5. 만력계사萬曆癸巳: 선조宣祖 26년二十六年
6. 오롯: 전專, 완完

## 35. 정응두丁應斗의 식량食糧

[1]찬성贊成 [2]정응두丁應斗는 식량食糧이 가장 너르고 일즉 시골집의 거居하더니 촌옹村翁이 홍시紅柿 이백개二百顆를 큰 버들그릇에 담고 술 두병

과 및 안주를 나오는이 잇거늘 찬성이 두병술과 및 안주를 다 먹고 그릇을 뷔이고 앉아 한담閑談하며 홍시를 취取하야 그 꼭지를 따고 입에 더적저근덧 다 진盡하고 버들그릇을 촌옹의 앞에 더지거늘 촌옹이 배사拜謝하고 갈오대

비로소 내 나아올제 [3]합하閤下의 누일累日 먹을 것을 먹이고저 하엿더니 불의금자不意今者의 나를 대對하야 다하도다

하더라 그마을 가온대 이충의李忠義집에 [4]사시제四時祭잇는지라 제사祭祀를 파罷하면 찬성을 청하여 써 먹일새 그 한 대 버렷던바로 찬성의게 나오지 제긔祭器 극히 커 [5]연긔燕器보다가 셋간이나 한지라 실과實果 육칠긔六七器와 [6]유밀과油蜜果 이삼긔二三器높기 다 자히나하고 떡 높기 자히나하고 [7]구이 높기 자히나하고 면식麵食 한그릇 어육탕 육칠긔魚肉湯六七器오 그 기타其他 수륙지수水陸之羞 약간若干 그릇이오 밥과 술은 수량隨量하야 나오니 창성이 문득 그 그릇을 븨오니 일개一家 그 큰 양인줄 알고 반드시 힘써 하여곰 극히 풍족히하야 써 세상에 드믄 장관壯觀을 하더라 우리 마을의 김응사金應泗란 재잇어 의관醫官이라 배 크기 [8]열우흠이오 식냥이 극히 너른지라 [9]홍간의천민洪諫議天民은 유생儒生이라 비위병脾胃病이 잇어서 응사로 산사山寺의 처處하야 치료療痛할새 응사를 위하여 팟거풀한 큰 가마와 떡 닷되와 탁주濁酒한 큰 동희를 가초와 주니 응새 한번 먹어 그 그릇을 다 븨오고 드듸여 [10]부수반환負手盤桓하고 앙천탄왈仰天嘆曰

근일近日에 내 비위 그 약弱하엿다

하더라

**註三十五** ———

1. 찬성贊成: 의정부대신議政府大臣의 일원一員 종일품從一品
2. 정응두丁應斗: 자字 추경樞卿 나주인羅州人 중종조中宗朝
3. 합하閤下: 고관高官의게 쓰는 존칭대명사尊稱代名詞
4. 사시제四時祭: 춘하추동春夏秋冬 사시四時에 모시는 제사祭祀
5. 연긔燕器: 보통 쓰는 그릇
6. 유밀과油蜜果: 조과造果 밀가루에 기름과 꿀을 섞어서 만든 과자菓子의 총칭總稱
7. 구이: 고기 생선에 약염을 하여 구은 음식飮食
8. 열우흠: 십위十圍
9. 홍천민洪天民: 자字 달가達可 호號 율정栗亭 남양인南陽人 관지도승지官至都承旨 선조조宣祖朝
10. 부수반환負手盤桓: 뒷짐을 지고 돈다는 뜻 즉卽 속수무책束手無策과 같은 뜻

## 36. 북창선생北窓先生의 휘파람

북창 선생北窓先生 [1]정념鄭磏이 음율音律을 알아 노흐로써 술병을 매고 두 구리 저箸로써 하나흔 병가온대 꽂고 하나흔 병을 쳐 아담한 곡조를 지으니 [2]오음육율五音六律이 맞지 아니미 없더미 그 아미 [3]순붕順朋이 강원감사江原監司되여 금강산金剛山에 놀새 [4]마하연摩訶衍암자에 니르러 순붕이 념 다려 일러 갈오대

사람이 네 휘파람 잘 분다하나 내 일즉 듣지 못하엿더니 이 지경地境에 니르럿이니 가可히 한곡조를 지으라

념이 갈오대

금일은 고을 사람이 많이 이에 기다리니 명일에 [5]비로봉毗盧峰우헤 올라 불리이다

하고 이튼날 념이 비를 무릅쓰고 일즉 가거늘 중들이 갈오대

금일에 비오니 비로봉 오르기 불가 하니이다

갈오대

느즉하여 갤것이니 마땅이 가리라

하고 [6]청여장靑黎杖을 짚고 가더니 일색이 느즌후 과연 개는지라 순붕이 딸으더니 드르니 산곡간에서 젓 소리 잇어 심히 높아 암곡岩谷이 다 진동하는지라 중이 놀라 갈오대

산이 깊고 지경이 끊어졋는대 므삼 젓소래 청장淸壯하리오 신선이라

하더라 순붕이 가만이 아더니 과연 념의 휘파람이오 젓소래 아니라 비록 [7]손등완적소문孫登玩籍蘇門의 휘파람이나 능히 지나지 못할러라 념이 산사에 처하야 거듧 병풍으로 써 두루고 [8]관즐盥櫛을 페廢하고 지게 밖에 나지 아니하고 종일 정묵위좌靜黙危坐 하엿더니 때에 사는 중이 와 무른대 념이 갈오대

금일에 집종이 술병을 가지고 오리라

하더니 이윽고 갈오대

금일에 시러옴 마시지 못하게 하엿다

하더니 그후 종이 집으로부터 이르러 갈오대

금일에 술병을 지고 오다가 영외嶺外에서 암석에 걸여 깨첫노라

하더라

**註三十六**———

1. 정념鄭磏: 자字는 사결士潔 호號 북창北窓 온양인溫陽人 명종조明宗朝 천문天文 지리地理 의약醫藥 복서卜筮 율려律呂 한어漢語 유儒 도道 석釋에 무불통달無不通達하였다 한다

2. 오음육율五音六律: 오음五音은 궁상각치우宮商角徵羽이요 육율六律은 양성陽聲의 대족大族 고세姑洗 황종黃鍾 이칙夷則 무사無射 유빈蕤賓
3. 정순붕鄭順朋: 자字 이령耳齡 호號 성제省齊 온양인溫陽人 연산조燕山朝
4. 마하연摩訶衍: 금강산金剛山의 내금강內金剛에있는 사명寺名
5. 비로봉毗盧峰: 금강산金剛山의 최고봉最高峰
6. 청여장靑黎杖: 선인仙人의 짚는 지팽이
7. 손등孫登: 삼국시대三國時代 위국魏國의 은사隱士

   완적阮籍: 삼국시대三國時代 위위씨인魏尉氏人 성기주性嗜酒 능소能嘯 선탄금善彈琴하였다 한다

   소문蘇門: 산명山名 하남휘현河南輝縣 서북7리西北七里에 있다. 원적阮이 연문燕門을 지나다가 손등孫登을 맞나고 휘파람을 불었다하는 고사故事
8. 관즐盥櫛: 낯을 씻고 머리를 빗는 것

## 37. 임제林悌의 호협豪俠

[1]임제林悌는 호협豪俠한 선배라 소시少時에 벗으로 더브러 한마을을 지나더니 그 마을에 재상宰相의 집이 잇어서 크게 잔채를 베푸고 손을 먹이는대 주인을 [2]소매평생素昧平生이라 제 그 벗다려 닐러 갈오대

> 내 일즉 이 주인하고 구분舊分이 잇이니 군이 또한 나를 딸아 이 잔채를 참예하랴

벗이 갈오대

> 낙諾다

제 갈오대

군은 또 문밖에서 기다리라 내 마땅이 몬저 들어가 군을 청하리라

벗이 그 말 같이하야 문밖에 섯더니 제 들어가 주인의게 읍揖하고 손의 말석에 앉아 잠잠하고 말삼이 없으니 술이 세 번식 행하매 객이 혹 귀를 맨지며 주인다려 물어 갈오대

저 사람은 주인의

주인이 갈오대

아니라

주인이 또 귀를 맨지며 모든 손다려 물어 갈오대

저 사람은 손의 벗이냐

손이 다 갈오대

아니라

말이 마츠매 주객이 서로 도라 보아 냉소하니 제 비로소 입을 열어 말하여 갈오대

다 나를 웃느냐 족히 우슬것이 아니라 또 더옥 날로서도 가소로온재 잇어 문밖에 내 입을 바라고 주식酒食을 바라는이라

한 대 주객이 대소하고 제로 더브러 말하여 말이 맞지 못하야 그 호협한 선벤줄 알고 즉시 문밖에 손을 불러 종일토록 즐겨 마시고 파하니 문밖에 손은 써 하대 제 주인으로 더브러 진짓 구분이 잇는줄 알더라

**註三十七** ———

1. 임제林悌: 자字 자순子順 호號 백호白湖 선조조宣祖朝
2. 소매평생素昧平生: 한 번도 본 일이 없다는 뜻

## 38. 니항복李恒福의 애마愛馬

니상국 [1]항복李相國恒福이 말 사랑하는 벽癖이 잇어 영상領相되엇일때에 손을 외청外廳에 대하고잇더니 부인이 종으로 하여곰 전하여 일러 갈오대

말 콩이 이미 진盡하여 한말 먹임은 넉넉하되 두말 먹이기는 부족하오니 어찌 써 하오리이까

상국이 정색하고 갈오대

말콩 많고 적기를 대신으로 하여곰 의논코저 하느냐

하더라 국법에 [2]삭직削職하는재 비록 대신이라도 [3]급제及第라 일캄는지라 [4]니덕형李德馨이 영상으로써 삭직하고 급제라 일캄더니 니상국이 좌상左相으로써 때의 논을 임는지라 갈오대

우리 [5]동접同接은 이미 급제하엿이니 나는 어느때에 급제할고

하더라 [6]동교東郊에 가 잇일대에 한백성이 와뵈며 갈오대

신역身役으로써 [7]요생聊生치 못하게 하엿노라

한 대 상국이 갈오대

나는 호역戶役으로써 요생치 못하게 하얏노라

하니 때에 상국이 호역으로 논박을 입은지라 호역이 음상사音相似하미라

**註三十八** ———

1. 이항복李恒福: 자字 자상子常 호號 백사白沙 경주인慶州人 선조조宣祖朝
2. 삭직削職: 범죄자犯罪者의 관직 품계官職 品階를 빼앗은 것
3. 급제及第: 문과文科 무과武科에 등제登弟하는 것
4. 이덕형李德馨: 자字 명포明甫 호號 한음號漢陰 광주인廣州人 선조조宣祖朝
5. 동접同接: 한곳에서 같이 공부工夫하는 것 또 그 사람을 이름
6. 동교東郊: 서울 동대문東大門 밖
7. 요생聊生: 생계生計

## 39. 논개論介의 장절壯節

논개論介는 진주기생晋州妓生이라 만력 계사년萬曆癸巳年을 당하여 [1]김천일金千鎰의 창의倡義한 군새 진쥬 들어 웅거하야 왜적倭賊을 항거抗拒하더니 및 성이 함몰陷沒하매 군이 패하여 인민人民이 다 죽으니 이때에 논개 [2]응장성식凝粧盛飾을 하고 [3]촉석누矗石樓아래 뾰족한 바희 앞에 섯이니 그 아래 만길이나 하고 믈 깊은 가온대를 임臨하엿는지라 모든 왜놈이 보고 좋와는하대 감히 가까이 올이 없더니 홀로 한 왜 나아오니 논개 웃고 맞으니 왜장倭將이 인하여 와 달래는지라 논개 드듸여 그 왜를 안고 바로

강 큰소에 몸을 더져 한가지로 죽으니라

**註三十九**———

1. 김천익金千鎰: 자字 사중士重 호號 건제健齊 광주인光州人 선조조宣祖朝
2. 의장성식凝粧盛飾: 얼굴을 단장하고 옷을 치장하는 것
3. 촉석누矗石樓: 진주晉州 남강변南江邊에 있는 루명樓名

## 40. 수염잡고 손 맞는 주인

한 저근 사나히 수염긴재 잇어 집이 넉넉하여 매양 주찬을 가초와 빈객賓客을 먹이더니 가만히 안해로 더브러 언약하되

내 상객上客을 보거던 웃수염을 잡고 중객中客을 보거던 가온대 수염을 맨지고 하객을 보거던 아래 수염을 맨질것이니 세층으로 주찬을 장만하라

방중에서 가만이 한말을 혹 밧사람이 아는 재 잇더라 한객이 오거늘 주인이 아래수염을 잡으니 안해 주효酒肴를 박薄히하여 대접하더니 세잔이 지나매 주인이 갈오대

집이 가난하여 주효 맛이 박하니 존객을 대접하염즉지 아니타

하야 명하여 거드라 하니 객이 갈오대

이 주식이 맛이 다르오니 이어 마시고 걷지말라

한 대 주인이 우서 갈오대

이것이 나를 웃는 말이라

하고 즉시卽時 걷으니 후에 손이 그일을 아는 재 잇어 오니 주인이 아래 수염을 잡은대 객이 갈오대

청컨대 손을 조곰 올려 잡으라
한 대 주인이 크게 부끄려 한고로 요사이 사람이 술마시는 것을 닐오대 수염 잡는다하더라

## 41. 부녀婦女의 식자우환識字憂患

니모李某와 김뫼金某잇어 서로 벗하기를 심히 밀하더니 니처李妻는 글을 능히하고 김처金妻는 일자브지一字不知라 니 김으로 더브러 장차 강건너 글 읽으라 가더니 이처 여로女奴로 하여곰 저근 조희를 가지고 바삐와 길에 드리거늘 본즉 여듧자를 써 갈오대

춘빙春氷이 가외可畏니 신믈경도愼勿輕渡하라

하엿이니 김이 [1]흠선欽羡하고 긔특이 너겻더니 일일一日은 이李 김을 대하야 앉앗더니 종으로 하여곰 말을 전하야 고문진보古文眞寶를 뒤져 내여오라 하니 체妻 그 종으로 하여곰 물으되 전집前集이냐 후침後集이냐 하니 김이 또 칭선하고 집에 도라와 그 처를 책하야 갈오대

니처는 유식하야 종으로 하여곰 고문 진보를 내여오라 하니 체 묻기를 전집이냐 하니 그대는 어찌 식자를 못하고 책 제목을 모르느뇨

하고 권질卷帙과 제목을 써 표하여 두고 객을 대하야 종으로 하여곰 공총자孔叢子를 뒤적 오라 하니 다시 종이 나와 일오대 전공前孔이오 후공後孔이오 하니 좌객이 묵연默然하고 김이 대참大慚하더라

**註四十一** ——

1. 흠선欽羡: 흠앙하여 부러워하는 듯

## 42. 박엽朴燁의 호피아마虎皮兒馬

[1]박엽朴燁이 함경남도병새咸鏡南道兵使되엿일제 [2]이경운李卿雲이 [3]시관試官이 되여가니 엽이 큰 잔채를 배설하야 대접하고 갈오대

내일 큰 사냥을 북산北山에 가하고저하니 사되使道 또한 즐겨 가실가

경운이 대희왈大嬉日

원컨대 공은 나를 귀경求景시키라

박엽이 가만이 [4]도훈도都訓導다려 일러 호피虎皮로 두설 먹은 말게 입혀 호랑의 형상을 맨드러 수플 속에 감초고 경운에 따르는 아전으로 하여곰 그 말의 어미 암말을 타고 경운을 따라가 산양하는곳에 이르러 날이 또한 저므럿는지라 호피 입은 사끼말을 수풀 가운데로서 놓으니 매아지 어미말을 보고 뛰여 바로 경운의 뒤흘 향하니 경운이 도라본즉 범이 뒤흘 조차 오는지라 말을 뛰여 급히 다라나니 뫼신 아전이 또한 말을 뛰여 딸으니 어미말 가는곳마다 사끼말이 바람을 향하야 딸으니 경운이 험한 것을 무릅쓰고 채를 날려 가다가 말게 떠러저 중히 상하니 엽이 써 하대 말게 떠러진대 약은 개똥이 으뜸이오대 이 산중에 개똥 어들길이 없으니 바삐 사냥개를 잡아 창자를 헤치고 그똥을 내라하야 물에 타 먼이니 경운이 눈을 감고 한사발을 다 먹으니 [5]진소위가긔기방眞所謂可欺其方이나 다만 더러온 것을 먹이니 또한 심하도다

**註四十二** ───

1. 박엽朴燁: 자字 숙야叔夜 호號 국창菊窓 번남인潘南人 선조조宣祖朝
2. 이경운李卿雲: 자字 군서君瑞 호號 양정당養靜堂 선조조宣祖朝
3. 시관試官: 과시科試의 시험試驗에 관계關係있는 직임職任의 총칭總稱
4. 도훈도都訓導: 사역원司譯院 관상감觀象監 전의감典醫監의 일직一職
5. 진소위가긔기방眞所謂可欺其方: 논어論語에 「군자가기이기방君子可欺以其方」에서 따온 말

## 43. 양응정梁應鼎과 해송자海松子

[1]양송천응정梁松川應鼎이 고을을하여 고을집을 지을새 목장木匠이 상냥上樑하며 톱질하더니 송천이 손으로 더브러 대하며 그 아래 앉아 한가지로 마실새 소반 가온대 [2]해송자海松子씨 심히 신신新新하거늘 아해를 불러 하여곰 동산에 심으라하야 갈오대

다른날에 이솔이 자라거든 마땅이 버혀 관판棺板을 하리라

객이 양송천다려 일러 갈오대

그 송자 장대하여 결실하거든 나는 마땅히 그 열매를 따 심거 그 장대하거든 내관제를 하리라

목장木匠이 갈오대

다른날에 두 합하閤下 만세萬歲후에 소인은 마땅이 두 합하 관을 짜리

이다 두 사람이 저장대소抵掌大笑하고 곡식 닷섬을 갖다가 그 말을 상주
니 슬프다 사람의 수명장단壽命長短이 어찌 사람의 입에 잇이리요

**註四十三** ———

1. 양응정梁應鼎: 자字 송섭松燮 호號 송천松川 관대사성官大司成
2. 해송자海松子: 잣 과명果名

## 44. 상번군사上番軍士와 사노私奴의 장긔

우리마을에 서천녕자西川令者는 종실宗室의 사람이라 장긔將棋를 잘 두어 동국東國 제일 손씨되고 광세曠世에 대작對敵할이 없어 이제 이르도록 묘법을 전하여 서천녕수법手法을 이르더니 [1]상번上番 늙은 군새軍士잇어 하도下道로부터 준마駿馬를 이끌고 올라와 뵈며 갈오대

들어니 [2]공재公子 장긔를 잘둔다하니 시험하야 더브러 나기하야 이긔지 못하면 이 말을 드리렷노라

하고 세판에 한번 진지라 마츰내 그 말을 드리고가며 갈오대

청컨대 공자는 이말을 잘먹이라 다른날에 청컨대 다시 하리라

서천녕이 우어 갈오대

낙다

스스로 준마를 얻은지라 먹이기를 다른 말로서 배나하여 살찐지라 다른 날에 그 군사 [3]하번下番할제 과연 스스로 와 청하거늘 서천녕이 세 번 싸와 세 번 이기지 못하니 드듸여 말을 가지고가며 갈오대

> 소인이 이말을 사랑하되 스스로 상번하여 서울서 먹이기 어러온줄 알고 공자의 집에 부탁하엿더니 이제 공자의 잘먹임을 입어 현황玄黃은 변變하여 비택肥澤이 되엿이니 불승감격不勝感激이로소이다

서천녕이 일긔日記하여 두었더니 그 후에 사는바 시골사람다려 무르대 시골사람이 또한 장긔에 묘한줄 아지못하니 어찌 긔절한재 잇어도 일흠을 감초고 숨어 도망한재 아니냐

그후 오십년에 신구지申求止란 재잇어 사로私奴라 장긔 묘하야 통방의 으뜸이라 하는지라 스스로 긔절한 재조 잇어도 궁거식빈窮居食貧을 탄식하더니 외척外戚 니량李梁이잇어 스스로 장긔 잘 두기로 쌍 없으리라 일캄고 권세 일대를 기우리니 니량을 몬저 볼 가망이 없어 사십필四十匹 뵈로써 [4]민패珉珀 갓낀을 사가지고 가만이 니량의집 종을 인연하야 배주盃酒로 서로 즐기고 때에 종이 살와 갈오대 상공을 뵈고저하는 상놈이 잇어도 인연하여 한번 절할 길이 없어하더이다 그때 마참 한가한지라 드러오라 하거늘 들어가 뵌대 양이 갈오대

> 네 진실로 장긔 잘 두는 손씨 신구지냐 오늘 한가하니 한번 결울가

구지 짐즛 이긔지 못하니 양이 심히 기꺼 갈오대

네 재죄 이만이냐

다른날에 또 나아가 뵈야 갈오대

소인이 사람으로 더브러 장긔를 대하여 일즉 지지 아니하여 동국이 일캄더니 이제 상국에게 지오니 마음이 [5]앙앙怏怏하야 밤에 능히 잠을 못잣아오니 원컨대 중난한 것으로 나기 하사이다

양이 갈오대

낙다 나는 당할것이 잇거니와 너는 무엇으로 나기하랴는다

구지 갈오대

소인이 집에 민패珉珀보배 갓끈이 잇이니 철컨대 갓다가 드리리이다

마참내 못이기여 품에서 내여 들이니 양이 매양 그 갓끈을 달고 손들다려 자랑하여 갈오대

뉘 신구지 장긔 으뜸 손씨라 하더뇨 상놈이 그 보배를 중난이 너기지 아니치 아니하되 내 능히 빠혀 앗앗노라 상놈의 재조를 극히 의논할것이 없도다

하더니 구지 두 번와 뵈거늘 양이 기꺼하여 드듸여 손을 추위逐諱하고 문을 닫고 불러보며 일오대

뉘 일오대 네 장긔 제일이라하더뇨 이 갓낀 물러갈 뜻이 없느냐 철컨대 싸홈을 돈아 자웅雌雄을 결단 하자

구지 패하야 가다가 이긴재 연하여 세 번이라 양이 무현憮然하야 갈오대

이제 젓이니 마땅이 네 원을 좇으리니 무엇을 욕심하느니 오직 네 구하는대로 하리라

하고 양이 본내本來편지에 민첩敏捷한지라 한번 둘러 사오십 간지簡紙에 가득이 써 주니 구지 긔복騎僕을 가초와 가지고 평안일도에 두로 단녀 한번 그 편지를 드리면 열읍列邑과 열진관列鎭官이 신을 거꾸로 신고 나맞지 아님이없어
구지 드듸여 소매 가온대 한 뭇금 간簡을 사오십四五十을 내여 드려 갈오대

소인이 천한 딸이잇어 장차 성혼成婚을 하랴 하오니 원컨대 혼수婚需를 평안일도平安一道에 구하여지이다
양이 어려이 아니 너기고 갈오대큰집에 쳐하고 공경公卿대접이 별성 같이하고 보화를 싸 만태滿馱하야 돌아와 대택大宅과 전토田土를 사 마참내 부가옹富家翁이 되니라

**註四十四** ———

1. 상번上番: 군인軍人이 당번當番되여 드는 것
2. 공자公子: 귀貴한 가문家門의 나어린 자제子弟
3. 하번下番: 군인軍人의 당번當番이 갈려 나오는 것
4. 민패珉珀: 옥돌 이름

5. 앙앙怏怏: 마음이 즐겁지 아니한 것

## 45. 축언패가설築堰敗家說

호남湖南에 한 호새豪士잇어 뜻과 도량이 [1]헌할軒豁하고 생계生計또한 적지 아니하여 수전水田호남에 잇는재 낙종落種이 누백석이되니 추수하면 자못 누만여석累萬餘石이라 부富 회남중湖南中 제일 되는지라 수백석 파종播種하는 따히 흩어 호중에 잇는재 산하山河와 구릉丘陵이 많이 막혀 시러곰 문밖에 미만彌漫하여 장관이 없다하여 다 그 [2]황봉黃鳳사이에 [3]노전蘆田이 많아 수백니에 [4]극복克復하니 가히 써 높이 막고 널리 싸 논을 맨들면 그이利 백천百千이나 된다하여 이에 호남 구업舊業을 바리고 해서海西로 들어가 대양大洋을 임하여 큰 집을 짓고 우마 천수牛馬千首를 장만하고 돌도 싣고 흙도 파 높이 언을 싸니 주회周廻수백니나 되는지라 바야흐로 성하盛夏때에 푸른 구름이 들에 가득하고 연한 이삭이 공중에 흔들어 망무제茫無際하더니 및 [5]음님淫霖마이 달을 연하야 가을물이 뫼해 오르고 언덕에 멍에하야 언 한편이 터지더니 붉은 물결이 그 우흐로 올라 왼들 벼이삭이 다 [6]난운층도亂雲層濤에 들어 호호탕탕浩浩蕩蕩하여 대해로 더브러 통하니 주인이 [7]각건우선角巾羽扇으로 붉은 누樓에 님하여 눈을 둘러 대소大笑하며 갈오대

내 이제 패가敗家는 하엿거니와 [8]관창觀漲인즉 천하에 쌍이없다 하니 사람이 큰 것을 조화하고 더함을 구하여 그칠줄 아지 못하도다 마참내 호중단거만석재물湖中短萬石財物로 하여곰 다 수운輸運하여 한 척무 마당[9]一斥鹵之場에 드리니 언諺에 갈오대 닫는 사슴을 보고 얻은 토끼를 잃는다

하니 이를 이름이로다

**註四十五** ———

1. 헌활軒豁: 넓고 넓은 것
2. 황봉黃鳳: 황주黃州와 봉산鳳山
3. 노전蘆田: 갈밭
4. 극복克復: 본래本來의 형편形便대로 돌아가는 것
5. 음님淫霖: 장마
6. 난운층도亂雲層濤: 어즈러운 구름과 거센 물결
7. 각건우선角巾羽扇: 뿔로 장식한 건巾과 깃으로 만든 부채
8. 관창觀漲: 홍수洪水를 관람觀覽하는 것
9. 일척노지장一斥鹵之場: 한 큰 소곰밭

## 46. 김항金行의 구변口辯

[1]김항金行이 구변이잇어 회해詼諧를 잘하더니 일즉 잔치하여 마실새 누른 외 익고 수박은 익지 아니코 대조는 익고 홍시는 적고 술에 물맛이 많은지라 항이 탄하야 갈오대

> 금년이 가위可謂 풍년이로다 상소리 크기 감만하고 물에 오히려 술맛이잇도다 황과황과黃瓜黃瓜야 네 나흘 서과西瓜전傳코저 하느냐

항이 벗으로 더부러 일을 의논할새 그 벗이 중심中心하야 답답하고 막히여 목을 축縮하여 말하거늘 갈오대

민망타 그대여 육월삼복六月三伏한낮에 [2]홍직녕紅直領을 입고 [3]적다말赤多馬을 타고 종누鍾樓거리 우흐로 달아가도 일로서 더 지나지 못하리라

하더라 니귀수李龜壽는 성음聲音이 가늘고 용뫼容貌파려 한지라 항이 갈오대

슬프다 귀수여 [4]굴원屈原의 얼굴로써 [5]송옥宋玉의 소래를 지으니 비록 공지公子 왕손王孫이오 부뫼 다잇고 형제 무고하나 오히려 군을 위하야 읍체泣涕하리라

하더라 항이 [6]성혼成渾을 대하야 말이 순환循環함 같으니 혼이 갈오대

네 무익無益한 말로 세상에 병되옴을 보니 이제 늙어도 오히려 완협緩頰하느냐

항이 갈오대

무삼 관게 하리오 [7]덕행德行은 그대오 언어言語는 내라

하더라

**註四十六** ———

1. 김행金行: 자字 주도周道 호號 장포長浦 강릉인江陵人 선조조宣祖朝
2. 홍직령紅直領: 군인軍人 무관武官의 입은 옷
3. 적다말赤多馬: 털빛이 검붉은 말

4. 굴원屈原: 전국시戰國時 초인楚人 명名 평平 호號 영균靈均 어부사漁父辭 굴원기방屈原旣放 유어강담游於江潭 행음택반行吟澤畔 안색췌조顔色悴憔 형용고고形容枯膏
5. 송옥宋玉: 전국戰國 초언인楚鄢人 굴원屈原의 제자弟子 위대부爲大夫 하야 굴원屈原이 기방수旣放遂에 송옥宋玉이 작구변作九辨하야 술기지述其志하야 써 슬퍼했다는 기록記錄에서 따온 말
6. 성혼成渾: 자字 호운浩原 호號 우계牛溪 선조조宣祖朝
7. 덕행德行: 논어論語 선진편先進編 「덕행德行 안연顔淵 민자건閔子騫 영백우冉伯牛 중궁仲弓 언어言語 재아宰我 자책子責 정사政事 자유子有 계로季路 문학文學 자유子游 자하子夏」라는 구절句節에서 따온 말

## 47. 고가귀신古家鬼神

경성남부소공동京城南部小公洞에 신막점申莫占의 집이잇어 그집에 덧덧이 주인이 없고 다른 사람을 비러 사더니 써 그런바를 물으니 대개 주인이 새로 사 사더니 그집에 귀신이잇어 무론주야勿論晝夜하고 덧덧이 좌우에 떠나지 아니코 언어言語를 평인平人같이 하되 다만 그 얼골을 못보고 그 주인을 일카르되 주인이라 하야 종이 상전 섬기듯하며 구하는 바를 다 일워지 아님이 없고 덧덧이 식食을 불시不時에 구하야 주지 아니한즉 문득 은隱하여 괴상을 짓더니 주인의 부뷔夫婦 상床을 한가지로하야 잘새 귀신이 상아래 업드려 우슨대 주인이 괴로와 따흘 피코저 한 대 귀신이 또한 좇기를 청하거늘 주인이 갈오대

> 네집에 잇언지 이미 세월이 많으대 얼굴을 보지 못하니 청컨대 네 얼굴을 벽에 그리라

귀신이 갈오대

본즉 반드시 놀랠것이니 주인으로 하여곰 놀래고 무섭게 하고저 아니 하노라

주인이 갈오대

시험하야 그리라

하엿더니 본즉 벽우헤 그림이 잇는대 머리 둘이오 눈이 네히오 높은 뿔이 기기奇奇하여 입이 오희고 코가 찡그리고 눈의 동재瞳子다 붉고 그 형삼이 차마 못볼지라 주인이 낯을 가리오고 빨리 씨서 바리라 하니 벽우헤 한점 그림이 없는지라 주인이 가만이 방사方士다려 물어 귀신 죽일 꾀를 찾인대 갈오대

귀신이 주려 먹기를 구하거던 들쥐 고기를 구하야 구어주면 반드시 먹고 죽는다

하거늘 그 말같이 하야 그 고기를 구어 현판縣板우헤 얹고 기다리더니 귀신이 밖으로부터 이르러 갈오대

오늘 멀리 놀아 주림이 심하니 원컨대 주옹主翁은 소인을 위하야 먹을 것을 써 먹이라

주인이 갈오대

위연偶然이 아름다운 고기를 얻어 너 오기를 기다리더니라

하고 곧 준대 귀신이 한번 먹어 그릇을 뵈이고 이윽고 크게 소래하셔 통곡하며 주인이 날을 소기낫다 이는 들쥐고기라 내 이제 죽으리라 하고 통곡하고 나가더니 다시 도라 오지 아니하니 일로부터 그집에 귀신 괴이한 것이 없고 주인이 인하야 노돌장상에 살아 다시 오지 아니고 다른 사람을 비러 그집값을 취하고 우리 백형伯兄이 일즉 그집에 우거偶居하더니 주인 종년을 인하야 자서히 들으니 헛되지 아니하더라

## 48. 통윤通允의 비희贔屭

통윤通允은 제조잇는 중이라 능히 글하고 [1]비회贔屭를 잘하고 즘생의 소리를 공교工巧히 하더니 일즉 촌여村閭에 지나니 한 집에서 주식酒食을 가초고 무당을 가져 죽은 신녕神靈을 불러 제사하더니 윤이 아적을 못먹고 걸식乞食 하고저하니 그집 주인이 꾸짖은대 윤이 노하여 가만이 마을 아해를 달래여 망인亡人의 연세와 형용과 친척과 평생의 행사와 작업을 자서히 얻어듣고 드듸여 굿하는 마당으로 돌입하여 그 얼굴과 빛을 변하고 혹 푸르게하며 혹 붉게하여 왠몸을 다 떨며 빈 말과 어즈러온 말로써 주인을 꾸짖고 망인의 말로 지어 하던일을 다 베프며 친속親屬의 성명을 지점指點하며 형제의 처첩妻妾과 자손을 분별하여 하나 그릇하지 아니하니 슬폰말과 잡된 말로써 길흉吉凶과 화복禍福을 일러 현하懸河의 말이 입

시울과 혀끝헤 흐르는 것 갈이하니 왠 집안이 경동驚動하고 비애悲哀하며 듣는 재 눈물을 가리오고 통곡치 아니리 없어 다 써하되 신녕이 강님降臨하엿다 하고 무녀巫女 긔운이 막히여 말이 아니나 한말도 서로 결우는배 없는지라 주인이 맞아 상좌上座하고 음식을 즉히 찰혀 먹여 써 보내더라 그후에 조가朝家에서 선교宣教를 배풀새 팔방에 일홈이 잇는중을 빠니 윤이 그 빠는대 참예參與한지라 장차 판사判事를 제수除授 하랴시더니 그일로써 이르는이 잇어 드듸여 물리치니라 또 달밤에 마을로 지나갈새 연소한 모든 협객俠客들이 뭇 간나히를 다리고 희롱戲弄하는지라 그때 사람이 요괴妖怪로운 중들의 정사政事 어즈러이믈 통분痛憤이 너겨 머리 깎은놈을 보면 반드시 불질러 욕하는지라 본대 윤이 광대廣大희롱과 즘생의 소리를 잘하는지라 윤이 갈오대

> 내 백가지 재조를 다하되 가장 능한 바는 꽃을 탐하는 벌과 나비 희롱을 하노라

뭇 협객들이 조화하야 보기를 청하거늘 윤이 드듸여 하여곰 각각 손바닥을 버려 꽃 모양을 하여 장차 꽃사이를 점적하랴는 듯이 하고 두 막대로써 허리 아래 끼고 두 소매를 버려 날개를하고 벌의 소래를 지으며 벌이 나는 형상을 하여 처엄에 십보는 날아가다가 돌아오고 또 그리하야 돌아오고 백보나 하다가 돌아오니 군협群俠이 모다 보고 웃으며 그 멀며 가까운 것들 믿고 잇더니 수백보나 지나가서 가히 좇아 오지 못할줄알고 막대를 더지고 소매를 두르며 다라나니 군협이 좇다가 밋지 못하더라

**註四十八** ——

1. 비회贔屭: 초라니

## 49. 니명쥰李明俊의 방수防水

[1]가정을사년嘉靖乙巳年에 흉년凶年이 되여 경긔인민京畿人民이 많이 주려 죽으니 때사람 언諺에 갈오대

주린 가미귀 빈 통소 엿본다

하니 사람이 주리고 계견鷄犬이 또한 주려 뒷산 가온대 남은 똥이 없으믈 니르미라 [2]만력을사년萬曆乙巳年에 다시 재앙災怏이 잇어서 동해東海에 백귀百鷗바람에 몰리인배되여 영서산곡수백니嶺西山谷數百里밖에 두루떠러졌이니 사람이 많이 손으로 잡는지라 때에 서원현감 [3]니명준西原縣監李明俊이 아중衙中에 앉앗더니 바다 새 잇어 뜰나모에 와 그치거늘 명준이 갈오대

해죄海鳥 무고無故이 산읍山邑에 이르니 오래지 아니하여 반드시 대수大水잇이리라

고을 가온대를 게칙計測하야 수재水災를 방비防備더니 오래지 아니하여 영동대쉬嶺東大水 졸연卒然이 오대산 까지 이르러 한편이 무너지니 인민이 많이 떠 죽더라 한 처재處子잇어 루樓우헤 앉아 흐르는 물을 딸아 나려가니 부르짖어 구완救援을 비니 물우헤 사람이 배를 가지고 간즉 물가온대

구멍 잃은 배얌이 루집에가득하여 뵈 짬 같아여 그 몸을 둘러 얽은지라 배사람이 두려워 하여 감히 가까히 못가고 돛을 두로혀 돌아 오니라 [4]호반강중룡虎班姜仲龍은 전현감前縣監이라 물사미약질을 잘하여 물을 무서워 아니하더니 강우해 관판이 떠 나려감을 보고 물자미얍질로 건저 가저 연하여 사오판四五板을 얻고 힘이 게얼러 또 쉬더니 또 큰 널판이 중류하여 나려오믈 보고 그 첩은 강박强迫하야 만류挽留하되 물이 차 어름 같은지라 중룡이 널판을 끼고 언덕에 밎지 못하여 빠적 죽거늘 그 널판을 깎아 관을하고 써 소렴小斂하니라 명준은 물 몬저 재양을 방비하고 중룡은 재물을 탐하여 죽기에 이르니 다름이 아니라 글 읽고 아니 읽은 탓이니라

**註四十九** ———

1. 가정을사년嘉靖乙巳年: 인종원년仁宗元年 1545一五四五
2. 만력을사년萬曆乙巳年: 선조宣祖 38년三十八年 1605一六〇五
3. 이명준李明俊: 자字 창기昌期 호號 잠와潛窩 선조조인宣祖朝人
4. 호반虎班: 무관武官의 별칭別稱

## 50. 어진 도적

이해에 경성 사인士人 저자 쌀이 극귀極貴하기로 수백리 밖에 나가 쌀을 무역貿易하야 한바리를 싣고 오더니 한재에 이르러 한 사람이 칼흘 띄고 맞아 말앞애 절하거늘 사인이 갈오대

너는 뉘요

갈오대

행노인行路人이로라

갈오대

행노인이면 어찌하여 절하느뇨

갈오대

우리들이 주려 먹을 양식이 없으니 원컨대 쌀을 얻어 가지고 가랴 하나이다

사인이 미처 대답지 못하여 그 종놈이 갈오대

가히 반 바리를 난화 주옵사이다

갈오대

식구가 많아 반 바리 쌀로는 주급周給지 못할 것이니 한 바리를 청한대

사인이 불상이 너겨 다 준대 또 갈오대

쌀이 무거워 가히지지 못할것이니 청컨대 말하고 써 아오로 빌리라

다시 준대 한 뫼흘 구을어 가 다시 그 말은 갖다가 주며 갈오대

쌀을 주니 진실로 기쁘다 청컨대 길해 호송 하리라

하더니 수리數里를 행하니 골 가온대 또 사람이잇어 [1]병잠긔를 가진재 자못 백여인百餘人이라 길흘 막아 갈오대

[2]조대措大선배 우리를 쌀을 한 바리를 해급惠給하니 우리 장군이 우리로하여곰 그대를 호송護送하라

하니 사인이 무양無恙이 도라 오니라 대개 해 주리고 백성이 간난艱難하야 양민良民이 다 도적이 되는고로 사람은 해치 아니코 다만 짐만 취하니라 후에 행상行商이 도적을 길헤서 만나 도로혀 행상에게 조치인배 되어 장사는 배부르고 도적은 주려 주린 놈이 길에 엎더지니 승승하야 몰리이는지라 일로부터 도적이 점점 흐터지니 또한 가긍可矜하다

**註五十**

1. 병잠긔: 군기軍器 병기兵器 병장兵杖 아기我器
2. 조대措大: 궁窮한 선비

# 51. 모진 황소

우리집 동복 말석童僕末石이란재 잇어 성정性情이 애망하여 나히 이십에 지나되 몸에 나히 몇인줄을 모르고 수數를 능히 십을 해지 못하고 나을 무른즉 갈오대

전년에 십칠이오 금년에 십육이라

하고 아는 바는 능히 나모나 하되 나모 열못은 해지 못하고 다만 힘을 헤아려 경중輕重하야 저오더라 왼 집안이 조소嘲笑하며 그 연유緣由를 무른즉 아해 때 용모단정容貌端正하고 성정이 영오하여 뭇 아해 총중叢中에 뛰여 나더니 가장家長이 들에 기음 매라 나가며 절로 하여곰 [1]복분자覆盆子를 따오라 하니 바야흐로 붉은 얼매 수풀에 가득한지라 몸소 광주리 가지고 따더니 마을 소를 수풀 아래 매엇는지라 난숙爛熟한 것이 소 잇는 아래잇거늘 기여 들어가 딸새 찔러 뿔우해 얹고 뛰니 높기 십여장十餘丈이나 한지라 따해 떨어저 불생인사不省人事할제 소가 더욱 놀라 코뀀 바홀 끊고 뛰며 찌르기 사오도四五度를 하니 창자와 가족이 다 찌여져 장뷔臟腑 따헤 나려저 길에 수십척數十尺이오 피가 구혈溝穴에 가득하여 가마귀와 새 다토아 찍으니 나모군이 다라가 가장의게 고한대 와 본즉 긔절氣絶한지 오랜지라 드듸여 안고 내물우헤 가 창자를 씻고 염통을 들이고 말총을 구하여 찌여진 곳을 꿰여 매고 장과 기름과 전초와 마늘을 구하여 조화調和하야 입을 열고 먹이니 밤에 이르러 다시 사는지라 두어달 만에 꿰여맨 것이 합하고 긔육肌肉이 다시 오릇하더라 일로부터 정신이 돈연頓然이 희미稀微하야 그 어리기 이 같다 이르더라 수월만에 소임재 들밖에

나가 먹이더니 날이 저므도록 도라 오지 아니커늘 집안 사람이 가보니 그 소가 다시 찔러 죽여 수풀 가온대 엎더저 가마귀 소로개 다 창자를 찍고 마을 개 그 고기를 먹는지라 드듸여 그 소를 나모 기동에 사각四脚을 매고 큰 도끼로 목을 버히니라 희噫라 거번去般 동자童子로 하여곰 산과山果를 탐치 아니하면 반드시 창자 께는 환이없고 또 소 임자로 하여곰 동자 창자 찍을때에 죽엿이면 반드시 가마귀 소로개 창자 찍는 환이 없으리니 믈읏 성이 한갈같지 아니하여 불측不測이 화禍 환양에서 나니 가히 삼가지 아니하랴

**註五十一** ———

1. 복분자覆盆子: 나무딸기

# 해설解說

『어우야담於于野談』은 유어우柳於于가 적은 얘기였다.

어우於于는 선조 때(1559~1623) 사람 유몽인柳夢寅이 호號였다. 또 간암艮菴이란 호號도 있으나 어우於于처럼 알려지지 못하였다. 어우於于는 퍽 경솔輕率하여 우계牛溪 성혼成渾 문인門人이 되었으나 부박浮薄한 행동이 많어 쫓겨나고, 임진왜란을 당하여 그 3년 되던 갑오년 정2월에 어우於于가 전라도 암행어사로 가서 『충무공일기忠武公日記』에 퍽 씹혔고 인조반정 때 노상부사老孀婦詞를 지어 마침내 역률逆律의 정형正刑을 당하여 65세의 일생을 마치었다.

그러나 어우於于는 그 일컫던 한문의 문장으로도 뛰어나려니와 보다도 그 천품天稟과 기술技術은 우리 설화문학에 있었다.

설화문학은 우리 산문문학의 총림叢林이었다. 그중 약간若干 극본화劇本化 소설화小說化한 것도 있으나 설화는 원시시대로부터 지금까지 오며, 신화, 전설, 야담, 동화 등을 포괄하여 형형색색의 그 종류가 퍽 많었다. 『청구야담靑邱野談』, 『조야첨재朝野僉載』, 『조야기문朝野記聞』, 『조야회통朝野會通』, 『동야휘집東野彙輯』, 『기문총화奇聞叢話』 기타 기록이 산더미같이 있지마는 그는 다 항담巷談, 가설街說을 그대로 적었을 뿐이되 어우於于는 게다 창의創意를 더하여 더 조리條理, 의미意味, 흥미興味 있게 하였다.

한 원님이 있어 퍽 인색하였다. 미리 하리下吏와 약속하되 손님이 오거든 내가 이마를 어루만지면 상객上客인줄 알고, 코를 어루만지면 중객中客인줄 알고, 수염을 어루만지면 하객下客인줄 알어 음식飮食을 층하層下하여 채려 내라 하였다. 이 일을 알고 온 손님이 있어 원님을 보고 인사를 한후, 원님의 이마를 들여다보고 가만히 말하되 원님 이마에 무슨 버레가 있다 하매 원님이 손을 들어 이마를 어루만졌다 하리下吏는 상객上客인줄 알고 성찬盛饌을 채려 냈다.

―『명엽지해蓂葉志諧』

한 적은 사나희 수혐 긴재 있어. 집이 넉넉하여 매양 주찬을 가초와 빈객을 먹이더니 가만히 안해로 더불어 언약을 하되 내 상객을 보거든 웃수염을 잡고 중객을 보거든 가온대 수염을 맨지고 하객을 보거든 아래 수염을 맨질것이니 세층으로 주찬을 장만하여라. 방중에서 가만히 한 말을 혹 밧사람이 아는재 있더라. 한객이 오거늘 주인이 아래수염을 잡으니 안해 주효를 박히하여 대접하더니 세잔이 지나매 주인이 가로대 집이 가난하여 주효맛이 박하니 존객을 대접하염즉 아니타하여 명하여 걷으라 하니. 객이 가로대 이 주식이 맛이 다르오니 이어 마시고 걷지 말라 한 대.주인이 웃어 갈오대 이것이 나를 웃는 말이라 하고 즉시 걷으니 후에 손이 그일을 아는재 있어 오니 주인이 아래수염을 잡은대 객이 가로대 청컨대 손을 좀 올려 잡으라 한 대 주인이 크게 붓그러 한고로 요사이 사람이 술마시는 것을 이르되 수염잡는다 하더라.

―『어우야담於于野談 이二』

이는 그 일례一例다. 이상 두 대화를 대준對準하여 보면 뒤엣 건 먼젓 것 보다 더 낫지 않은가. 한 작은 사나희 수염 긴재 있어 부터가 퍽 익살이었다. 퍽 간결한 필법筆法으로 그 이색함을 명백明白히 묘사描寫하였다.

"청컨대 손을 좀 올려 잡으라" 하는 마디에 이르러서는 웃음이 아니 나올 수 없다. 어우於于는 이런 화술話術의 천재였다.

세전世傳하는 『어우야담於于野談』이 사본寫本으로서 1, 2권 또는 5, 6권으로 여러 가지가 있는바 대개는 후인後人이 더 증연增衍 부익附益한 것이고 그 원작은 겨우 1, 2권에 불과한가 한다.

이 『어우야담於于野談』은 순국문으로 되었으며 구사본舊寫本으로 전해오는 것으로 2권 2책이 되고, 한문으로 적힌 규장합장서奎章閣藏書인 그것과도 같으며 더러 생략된 때문과 구절이 있음은 덤덤한 것이거나 또는 풍기風紀에 끄리게 된 까닭이었다.

그리고 이 책이 쓰인 어휘와 어조를 보면 적어도 영조 조 이전의 번역인 듯하다. 비록 번역이라 하드라도 이 글은 어우於于가 친히 한글로 적은 것보다도 더 나을까 한다. 한문을 잘 하던 그가 한글을 이렇게 할까는 싶지 않다.

이건 야담野談이라 하였으나 이마적 야담野談과는 우리 설화문학으로서의 한 대표적 존재였다.

4281. 8. 15.

-가람

# 於 于 野 談

民族文學叢書(4)
1949年5月30日 發行

**臨時定價 150圓**

校註者 **李 秉 岐**
發行者 **河 敬 德**
印刷者 **大 建 印 刷 所**
(1947年9月30日登錄第21號)

發行所 **國 際 文 化 舘**
서울市中區忠武路2街3

電話本局② { 6141.6142 / 6143.6146

(1947年12月31日 登錄第582號)

## [부록] 18권 고전주해 Ⅱ 상세목록

### 1) 주해서

| | | | | | |
|---|---|---|---|---|---|
| 1 | 近朝內簡選 | 1948 | 국제문화관 | 이병기 편주 | |
| 2 | 要路院夜話記 외 11편 | 1948 | 을유문화사 | 이병기 선해 | |
| | 要路院夜話記 | 1940. 11 | 문장 2권9호 | 주 이병기 | |
| 3 | 於于野談 | 1949 | 국제문화관 | 이병기 교주 | |

가람 이병기 전집 ⑱

고전주해 Ⅱ

**지은이** 이병기
**펴낸이** 양오봉
**펴낸곳** 전북대학교출판문화원

**초판 1쇄 인쇄** 2024. 12. 16
**초판 1쇄 발행** 2024. 12. 25

**전북대학교출판문화원** 전북특별자치도 전주시 완산구 어진길 32 (풍남동2가)
**전화** (063) 219-5319~5322
**FAX** (063) 219-5323
**출판등록** 2012년 8월 20일 제465-2012-000021호



값 22,000원

ISBN 979-11-6372-232-8 04810
ISBN 979-11-87892-59-5(세트) 04810

* 이 책은 2024년도 익산시와 전라북도의 지원에 의해 간행되었습니다.